ESCENAS COTIDIANAS

MARÍA CANTELI DOMINICIS

St. John's University

Random House New York

Para Víctor

First Edition

9876543

Library of Congress Cataloging in Publication Data.

Dominicis, María Canteli, 1933–
Escenas cotidianas.

English and Spanish.
1. Spanish language—Conversation and phrase books.
2. Spanish language—Composition and exercises.
I. Title.
PC4121.D64 1982 468.3′421 82–15097
ISBN 0–394–33420–5 (pbk.)

Manufactured in the United States of America.

Text and cover design by Juan Vargas.

Cover photos clockwise from top, left: Archie Lieberman, Robert Frerck, John Henebry, Jr., Robert Frerck, John Henebry, Jr., Archie Lieberman.

PREFACE

Escenas cotidianas is a lively conversation text designed to develop vocabulary and communication skills at the third- or fourth-semester level of language study, or whenever students would benefit from expanding vocabulary related to everyday life. The situations presented are adaptable; only the complexity of the students' responses would differ from one level to the next.

One of the outstanding features of *Escenas cotidianas* is its flexibility. It can be used as the sole text in a one-semester conversation course or as one component in a two-semester intermediate course that uses a systematic grammar review text and/or a reader. In addition, each chapter is self-contained and independent from the others, allowing any order of sequence.

As its title suggests, *Escenas cotidianas* concentrates on practical, concrete topics and emphasizes vocabulary usage. The text consists of 28 chapters, each based on a drawing depicting a scene from everyday life (for example, "El aeropuerto," "La cocina," "La oficina"). Each **Escena** introduces vocabulary in context and sets the theme of the chapter, presenting a topical framework for discussion and conjecture. The vocabulary list accompanying each scene is alphabetically arranged in English and contains all words students will need to answer the questions and complete the exercises in the chapter. Basic words assumed to be already part of the students' vocabulary are not included. Because of the size and diversity of the Spanish-speaking world, regional variations occur in the vocabulary. The term used in the greatest number of countries appears in the main vocabulary list, with regional alternates appearing as footnotes. Each vocabulary list is followed by a series of questions **(Preguntas)** based on the **Escena,** as well as additional personal questions **(Más preguntas)** requiring subjective answers from students and serving as springboards for general conversation.

Vocabulary building is stressed throughout. **Práctica de vocabulario** consists of a variety of combination, substitution, transformation, and translation drills. **Los modismos de hoy** introduces and gives practice in common Spanish idioms. **Formación de palabras** expands and reinforces vocabulary through derivation exercises and practice in the use of prefixes and suffixes. **Palabras que se confunden** focuses on English words with more than one Spanish equivalent; here and elsewhere, a comparative and often contrastive view of both languages is presented.

In addition, students are given ample opportunity for creative self-expression. **Creación** stimulates original thought and expression through open-ended dialogues and letter writing. **Temas y sugerencias** encourages students' participation by providing thought-provoking topics for discussion and suggestions for role-playing and other class activities. Although the emphasis of this section is on developing oral proficiency, most of the themes and activities are also suitable for written practice. **Comentario cultural,** based on Hispanic photos, advertisements, or realia (stamps, menus, etc.), focuses on a point of Hispanic culture related to the chapter topic and asks students to form opinions and answer questions using the thematic vocabulary of the chapter.

An appendix of verbs gives conjugations of regular and stem-changing verbs. There is also an English-Spanish glossary that lists all the vocabulary words presented in the vocabulary lists.

I am grateful to those friends and colleagues who offered suggestions and clarified doubts, especially John J. Reynolds, from St. John's University. These readers of the manuscript offered valuable advice: Magdalena Andrade, University of California–Irvine; Jack Bailey, University of Texas–El Paso; Walter Dobrian, University of Iowa; Trisha Dvorak, University of Michigan; Barbara Gonzalez, University of Texas–San Antonio; Hugh Kennedy, California State University–Los Angeles; Martha Marks, Northwestern University; Eunice Myers, Wichita State University; Norman Sacks, University of Wisconsin–Madison; Richard Teschner, University of Texas–El Paso; and Barbara Wing, University of New Hampshire. I also wish to thank John Benenati and Dennis McGowen for their help with the art in the early stages of the project and Christine Silvestri, Linda Peterson, and Andrea Coens for their assistance and support.

María Canteli Dominicis

TOPICS

CONTENTS

ESCENAS COTIDIANAS

CIGARRILLOS
EL JEFE
FLORERÍA
La Orquídea
LAS DELICIAS
RESTAURANTE
FOTÓGRAFO
2º PISO
ÓPTICA
AGENCIA DE VIAJES
SEGUROS Y FONSECA
MUDANZAS
IMPERIAL
BAMBI
PANADERÍA Y DULCERÍA
MARTÍ
ROBLE
RELOJERÍA
BANCO POPULAR
POLICÍA DE TRÁNSITO
CORREOS
PROHIBIDO
ESTACIONARSE

ESCENA 1
LA CIUDAD

VOCABULARIO

advantage **la ventaja**
advertisement **el anuncio**
awning **el toldo**
bakery and pastry shop **la panadería y dulcería**
banana **el plátano**
basket **la cesta**
basket (litter) **el cesto (de la basura)**
billboard **la cartelera**
carnation **el clavel**
cherry **la cereza**
clothes on the line **la ropa tendida**
corner (street) **la esquina**
crime (in general) **el delito**
curtain, drape **la cortina**
fare, ticket **el pasaje**
flower shop **la florería**
fruit stand **el puesto de frutas**[1]
furniture **los muebles**
glass **el cristal**[2]
greenhouse **el invernadero**
insurance agent (company) (policy) **el agente (la compañía) (la póliza) de seguros**
intersection **el cruce**
mailbox **el buzón**
moving agency (van) **la agencia (el camión) de mudanzas**
mugger **el asaltante**
optical store **la óptica**
pack of cigarettes **la cajetilla**
parking meter **el parquímetro**[3]
pastry **los pasteles**[4]
peach **el melocotón**[5]
photographer's studio **la fotografía**
pineapple **la piña**
roof (flat) **la azotea**
scale **la pesa**
sidewalk **la acera**
sign (neon) **el letrero (lumínico)**
tow truck **el camión de remolque**
traffic **el tránsito**[6]
traffic light **el semáforo**
travel agency (agent) **la agencia (el, la agente) de viajes**
Venetian blind **la persiana**
watermelon **la sandía**[7]
window box **el tiesto**
window shade **el visillo**

Palabras cognadas: la antena, la dalia, el fotógrafo, la gardenia, el gladiolo, el piano, la rosa, la violeta, el (la) optometrista

[1]la frutería [2]el vidrio [3]el estacionómetro (Méx.) [4]los dulces (Cuba) [5]el durazno (Méx.) [6]la circulación [7]el melón de agua

to fit (in a space) **caber**
to flee **huir**
to (un) load **(des) cargar**
to move **mudar(se)**
to mug **asaltar**
to park **estacionarse, parquear**
to tow **remolcar**
to weigh **pesar**

Preguntas

1. ¿Dónde está la cartelera que anuncia cigarrillos? Descríbala.
2. Diga qué clase de tienda es *Bambi* y lo que se puede comprar allí.
3. ¿Qué otras tiendas o negocios se ven en la escena?
4. Explique lo que hay en la azotea del edificio de *Bambi* y cómo lo sabe Ud.
5. Si la mujer que habla por teléfono quisiera explicar dónde está, ¿qué diría?
6. ¿Por qué se llevará el automóvil el camión de remolque?
7. ¿Qué le estará diciendo la mujer policía al chofer del coche?
8. ¿Para quién supone Ud. que será el piano?
9. ¿Cómo sabemos que el dueño del piano no acaba de comprarlo?
10. ¿Está bien estacionado el camión de mudanzas? ¿Por qué?
11. ¿Cómo sabemos que alguien que vive en el edificio de la frutería ha lavado ropa?
12. ¿Qué está haciendo el hombre del puesto de frutas y por qué lo hace?
13. Nombre algunas frutas que puede tener en la cesta la mujer.
14. ¿Qué lado del semáforo tiene en estos momentos la luz verde? ¿Cómo lo sabemos?
15. ¿En qué edificio hay por lo menos un televisor? ¿Cómo se sabe?
16. ¿Cómo sabe Ud. que se cometió un delito en la calle Roble?

Más Preguntas

1. ¿Qué servicios presta una agencia de viajes? ¿Y una compañía de seguros?
2. ¿Por qué hay invernaderos en algunos países y en otros no?
3. ¿Por qué debe haber cestos de basura en todas las esquinas?
4. ¿Cuáles son las ventajas de tener un coche chico si uno vive en la ciudad?
5. ¿Usaron alguna vez su familia o sus amigos un camión de mudanzas? Explique.
6. ¿Ha sido Ud., o alguno de sus amigos, víctima de un delito alguna vez? Explique.
7. Explique las diferentes maneras en que se pueden proteger las habitaciones del sol.
8. ¿Por qué es peligroso poner tiestos en la parte exterior de las ventanas?

FORMACION DE PALABRAS

A. Los nombres de muchas tiendas tienen la terminación **-ería,** y se derivan de los productos en que se especializan: dulcería, florería, frutería, librería, mueblería, panadería, relojería, joyería.

B. Los nombres de muchos oficios (trades) se forman con la terminación **-ero, -era:** dulcero, frutero, librero, mueblero, panadero, relojero.

C. Muchos oficios y profesiones forman su nombre de manera irregular: el (la) agente de seguros, el (la) agente de viajes, el (la) florista, el (la) fotógrafo, -a, el (la) optometrista.

Práctica

Complete.

1. La óptica es el lugar donde trabaja el _____.
2. Iré a la _____ y le compraré flores al _____.
3. Si mi reloj no anda bien lo llevo a la _____ para que el _____ lo arregle.
4. En la _____ venden pan y pasteles.
5. Mi padre le compró un seguro de vida al _____.
6. Si necesitas una foto para tu pasaporte, tengo un amigo que es un _____ magnífico.
7. Ese _____ vende solamente libros en español.
8. Si pasas por la _____ compra seis manzanas.

PALABRAS QUE SE CONFUNDEN

To Move

1. El verbo *to move* significa **mover** cuando el sujeto cambia algo de posición o de lugar.

   Si **mueves** el piano contra la pared, la sala se verá más grande.
   If you move the piano against the wall the room will look larger.

   Ella **movió** la cabeza y la foto salió mal.
   She moved her head and the photo turned out bad.

2. Cuando el sujeto es quien cambia de posición se usa **moverse.**

   Le dijimos a Renato que corriera, pero no **se movió.**
   We told Renato to run but he didn't move.

3. El verbo **mudar(se)** se usa cuando *to move* se refiere a un cambio de residencia. Nunca use **mover(se)** en este caso.

   ¿Quiere **mudarse?** Nuestra agencia **lo mudará** más barato que nadie.
   Do you want to move? Our agency will move you cheaper than any other.

4. **Mudar(se) de** ropa (zapatos, etc.) es sinónimo de **cambiarse (de)** y significa *to change one's clothes (shoes, etc.)*

   Debes **mudarte (cambiarte)** de ropa antes de salir.
   You should change your clothes before going out.

Práctica

Decida entre **mover(se)** y **mudar(se).** Tenga cuidado con los tiempos verbales.

1. Eran las cinco de la tarde y el tránsito se ____ muy despacio.
2. La ventana estaba abierta y el aire ____ las cortinas.
3. El camión de Chucho es grande, podemos usarlo para ____.
4. ¡No te ____! Tienes un insecto muy extraño en el brazo.
5. Limpié le chimenea y ahora tengo que ____ de ropa.
6. Quiero ____ de cuarto. Mi compañera de cuarto fuma mucho.
7. La víctima del asalto no se ____. Parecía estar muerto.
8. Puedes ir a la fiesta con ese traje, pero debes ____ de camisa.
9. —____ su choche—dijo el policía—Está prohibido estacionarse aquí.
10. Jesús se ____ el mes pasado. Ahora vive al lado de la frutería.

LOS MODISMOS DE HOY

poner(le) una multa (a uno) *to give a summons or ticket (to one), to fine*
gustar(le) (a uno) *to be pleasing (to one), to like*

El policía **le puso una multa** a Juanita y a ella no **le gustó.**
The policeman gave Juanita a summons and she didn't like it.

Práctica

Exprese en español.

1. They will give you a $25 ticket if you park here.
2. My friends like the city, but I prefer the country.
3. He likes peaches, but his girl friend likes cherries.
4. Nobody likes to be fined. (**que** + pres. subj.)
5. I don't like that neon sign, do you?

PRACTICA DE VOCABULARIO

A. Reemplace las palabras en cursiva por verbos equivalentes en el tiempo pretérito.

1. Ayer *dejé en la calle* mi coche frente a mi casa.
2. *Le robaron el dinero* a un hombre en la esquina de la panadería.
3. El asaltante *escapó* dejando a su víctima en el suelo.

4. El camión de remolque *transportó* mi auto hasta el garaje.
5. El vendedor del puesto de frutas *puso en la pesa* las manzanas.
6. El camión de mudanzas era muy grande y no *tuvo bastante espacio* entre los dos parquímetros.

B. Forme oraciones originales combinando los siguientes pares de palabras.

1. cigarrillo / cajetilla
2. tiesto / flores
3. toldo / sol
4. multa / parquímetro
5. policía / camión de remolque
6. mudanzas / muebles
7. ventaja / panadería
8. azotea / cartelera
9. cristal / invernadero
10. melocotones / cesta

CREACION

Imagine que Ud. es el amigo o amiga con quien la mujer está hablando por teléfono, y complete el siguiente diálogo.

Ud. —

Amalia —¿Es la casa de los Jiménez?

Ud. —

Amalia —¡Ah! Eres tú. Te habla Amalia.

Ud. —

Amalia —Estoy en el centro, en la esquina del Banco Popular.

Ud. —

Amalia —No, en la otra cuadra, frente a Bambi.

Ud. —

Amalia —Ven lo más rápido que puedas, y trae tu cámara fotográfica.

Ud. —

Amalia —Acaban de asaltar a un hombre.

Ud. —

Amalia —No, fue hace un segundo. Nadie se ha dado cuenta todavía.

Ud. —

Amalia —Sí, hay varias personas cerca, y también una mujer policía.

Ud. —

Amalia —No, la mujer policía está ocupada con el tránsito. Espera... ¡Alguien gritó y ahora la mujer policía viene corriendo!

Ud. —

Amalia —Ven pronto, por favor. Necesito que tomes las fotografías. ¡Qué artículo más interesante voy a escribir para el periódico de la escuela!

Ud. —

TEMAS Y SUGERENCIAS

1. Haga una comparación entre esta escena y una escena de la calle donde vive.
2. Comente sobre los problemas de la ciudad: el estacionamiento, la gente que tira basura en la calle, el ruido excesivo, la contaminación del aire, el delito, los que escriben las paredes, etc., y cómo se pueden resolver estos problemas.
3. Hable de los atractivos que hacen que a muchas personas les guste vivir en la ciudad.
4. Comente sobre la ciudad del futuro. Basándose en una ciudad que Ud. conozca bien, explique los cambios que se habrán producido en ella dentro de cien años.
5. Imagine que Ud. vio el delito que se cometió en la calle Roble, y prepare una explicación detallada para la policía.
6. Los anuncios de cigarrillos en los Estados Unidos contienen una advertencia (warning) que no se ve en la cartelera de la escena. Diga cuál es esa advertencia, y por qué la tienen. ¿Cree Ud. que este mensaje es útil? ¿Inútil? Explique su opinión.

COMENTARIO CULTURAL

Aquí vemos la calle Florida en Buenos Aires. Buenos Aires, con más de seis millones de habitantes, es la ciudad más cosmopolita de Hispanoamérica, y andando por ella se escuchan con frecuencia otras lenguas además del español.

Los habitantes de Buenos Aires, que se llaman bonaerenses y también porteños, están muy orgullosos de sus calles, algunas de las cuales son famosas mundialmente por sus dimensiones, como Rivadavia, que tiene 35 kilómetros de longitud, y la Avenida 9 de Julio, de casi medio kilómetro de ancho.

Florida, además de ser un centro comercial, es un centro social, y se dice que las chicas van allí a mirar las vidrieras y los hombres van a mirar a las chicas.

¿Le parece a Ud. buena idea este tipo de calle, cerrado al tráfico de coches? ¿Qué ventajas tiene? ¿Tiene, en su opinión, alguna desventaja? ¿Puede hablar de alguna calle de los Estados Unidos que sea también centro social como la calle Florida? ¿Puede hablar de alguna calle que sea muy larga o muy ancha?

Jacques Jangoux/Peter Arnold, Inc.

BOLETOS
6 PESOS
SALIDA
ENTRADA
BARQUILLOS
$10
10 PESOS
CHOCOLATE
VAINILLA
CEREZA-FRESA
BARQUIL

ESCENA 2

EL PARQUE

VOCABULARIO

apron **el delantal**
balloon **el globo**
balloon vendor **el globero**
basket (large) **la canasta**
behind **detrás de**
bells (small) **las campanillas**
bench **el banco**[1]
bow **el lazo**
butterfly **la mariposa**
cap **la gorra**
change (money) **el vuelto**[2]
cold cuts **los fiambres**
cone (ice cream) **el barquillo**
crumbs (bread) **las migas (de pan)**
fence **la cerca**
fountain **la fuente**
grass **la hierba**
ice cream **el helado**
ice cream cart **el carrito de helados**
ice cream vendor **el heladero**
in the distance **a lo lejos**
in the foreground **en (el) primer plano**
kite **el papalote**[3]
knitting needles **las agujas de tejer**
lake **el lago**
marbles **las bolitas**[4]
merry-go-round **los caballitos**[5]
patch **el remiendo**
pigeon **la paloma**
soft drinks **los refrescos**
rowboat **el bote de remos**
sailboat **el bote de vela**
seesaw **el sube y baja**[6]
skater **el, la patinador, -ra**
skates **los patines**
slide **el deslizadero**[7]
squirrel **la ardilla**
string **el cordel**
sweethearts **los novios**
swing **el columpio**
sword **la espada**
tickets **los billetes**[8]
ticket window **la taquilla**
torn **roto, -a**
yarn **el estambre**

Palabras cognadas: la estatua, el gas helio, la nota musical, el (la) patriota

[1]la banca (Méx.) [2]el cambio [3]la cometa, el barrilete [4]las canicas [5]el tíovivo [6]el cachumbambé (Cuba) [7]el tobogán (Esp.), el resbaladero (Méx.) [8]las entradas, los boletos (Méx.)

to bet **apostar (ue)**
to chase **perseguir (i)**
to fly a kite **empinar un papalote**
to go on a picnic **ir de jira, merendar**
to knit **tejer**
to rent **alquilar**
to stand in line **hacer cola**
to win **ganar**

Preguntas

1. ¿Quién tiene remiendos en los pantalones?
2. ¿Qué guardan el globero y el heladero en su delantal?
3. ¿Por qué levanta los brazos la niña que tiene el lazo en la cabeza?
4. ¿Por qué lleva companillas el carrito de helados?
5. ¿De qué se reirán las dos mujeres que están sentadas en el banco?
6. ¿Dónde están las palomas y por qué están allí?
7. Explique lo que hace la señora de las gafas y lo que usa para hacerlo.
8. ¿Qué hace el niño que se ve a lo lejos, detrás de la fuente?
9. ¿Cómo sabemos que el hombre de la estatua es un patriota?
10. Explique lo que hacen las personas que están sentadas en la hierba.
11. Explique lo que deben hacer los niños que quieren montar en los caballitos.
12. ¿Cuánto cuestan los billetes y dónde se compran?
13. ¿Qué otras diversiones hay en este parque para los niños?
14. ¿Qué es posible hacer en el lago? ¿Cómo lo sabe Ud.?
15. Explique el juego de los niños que están en el primer plano, a la izquierda.
16. ¿Cuáles de estos animales perseguirán probablemente a los otros?

Más Preguntas

1. Explique qué personas van más frecuentemente a los parques y por qué.
2. ¿Por qué se llevan remiendos en la ropa? ¿Los lleva Ud. a veces? Explique.
3. ¿Por qué debe un globero sujetar con fuerza los cordeles de los globos?
4. ¿Qué clases de helados ha tomado Ud.? ¿Cuál le gusta más?
5. ¿Qué fuentes ha visto Ud.? ¿Dónde? Describa una de ellas.
6. ¿Qué cosas se prohibe hacer en la mayoría de los parques?
7. ¿Ha empinado Ud. papalotes? ¿Cómo se hace?
8. Describa alguna estatua de un patriota que haya visto Ud. en un parque.

FORMACION DE PALABRAS

Diga qué palabras del vocabulario se derivan de las siguientes, y haga una oración con cada una de las palabras derivadas.

1. globo
2. campana
3. deslizarse
4. helado
5. caballo
6. carro

PALABRAS QUE SE CONFUNDEN

To Play

1. *To play* equivale a **jugar a**[9] cuando se refiere a un juego infantil o a un deporte; en el caso de un instrumento musical, *to play* equivale a **tocar.**

   Mientras Pepe **jugaba a** la pelota, su hermano mayor **tocaba** la guitarra.
   While Joe was playing ball, his older brother was playing the guitar.

2. *To play* como sinónimo de *to gamble* es **jugar.**

   Guillermo **jugó** todas sus bolitas y las perdió.
   William played (gambled) all his marbles and lost them.

   To play a part es **hacer un papel.**

   Mi amiga **hará el papel** de doña Inés en la obra.
   My friend will play the part of Dona Ines in the play.

3. Algunos modismos formados con *to play* y sus equivalentes en español:

to play a bad trick (on one)	hacer (le) una mala jugada (a uno)
to play a joke (on one)	dar(le) una broma (a uno)
to play by ear	tocar de oído
to play fair	jugar limpio
to play hide and seek	jugar al escondite
to play the fool	hacerse el tonto (bobo)

Práctica

Conteste con oraciones completas.

1. ¿Cuál es tu reacción cuando un amigo te hace una mala jugada?
2. ¿Tocas algún instrumento musical?
3. ¿Conoces a alguien que toque un instrumento musical de oído?

[9]En el caso de los deportes la **a** se omite a veces.

4. ¿Te gusta darles bromas a veces a tus amigos?
5. ¿Qué juego jugabas más frecuentemente de niño(a)?
6. ¿Te haces el tonto (la tonta) frecuentemente? ¿Alguna vez?
7. ¿Crees que es importante jugar limpio en los deportes? ¿Juegas tú limpio?
8. ¿Cómo se llama el juego en el que varios chicos se esconden y uno los busca?
9. Si pudieras hacer un papel en el teatro, ¿qué papel te gustaría hacer?
10. Cuando una persona juega en un casino, ¿tiene más probabilidades de ganar, o de perder?

LOS MODISMOS DE HOY

escapárse(le) (a uno) — *to get away (from one)*
olvidárse(le) (a uno) — *to slip one's mind, to forget*

Se me olvidó que el globo tenía gas helio, no lo sujeté bien, y **se me escapó.**
I forgot that the balloon had helium, didn't hold it tight, and it flew away from me.

Fíjese en que estos verbos son reflexivos y usan el complemento indirecto para la persona.

Práctica

Cambie las personas de las oraciones a las personas: yo - tú - Ud. - nosotras - vosotros - ellas.

1. *Al niño* se *le* escaparon dos globos.
2. *A mi hermanita* se *le* escapó la mariposa.
3. *A Mauricio* se *le* olvidó poner platos en la canasta.

PRACTICA DE VOCABULARIO

A. Haga oraciones originales combinando los elementos de cada grupo.

1. globero / delantal / vuelto
2. ardilla / palomas / migas
3. gas / globo / cordel
4. espada / estatua / patriota
5. sube y baja / columpio / deslizadero
6. campanillas / heladero / barquillo

B. Complete cada oración con el verbo adecuado.

1. La señora usa agujas y estambre para _____.
2. Mi perro _____ las mariposas cuando lo llevo al campo.
3. Pusimos la comida y los platos en la canasta porque vamos, _________ al, parque. tarde.
4. Ayer _____ mucho rato frente al teatro para comprar los billetes.
5. No me gusta perder mi dinero y por eso _____ solamente cuando estoy seguro de que voy a _____.
6. Si hace buen tiempo esta tarde, _____ un bote para pasear por el lago.

CREACION

Este diálogo se desarrolla entre los novios, pero está incompleto. Complételo con lo que diría la chica.

—¡Qué lindo día, mi vida! ¿No crees?

—

—¿Quieres que alquilemos un bote y paseemos un rato por el lago?

—

—También podemos sentarnos a conversar en un banco.

—

—Yo no pensaba en estos bancos. Aquí hay demasiada gente.

—

—Vamos a aquel lugarcito, más allá del lago, donde estuvimos la semana pasada.

—

—Ojalá no haya nadie ahora en ese lugar. Quiero darte un beso, y después otro, y otro, y otro más...

—

—Son las tres. ¿A qué hora tienes que volver a tu casa?

—

—No te preocupes. Estarás de regreso antes que tu padre vuelva.

—

—Sí, sé que tu padre es un tirano y que no me quiere, pero algún día tendré bastante dinero, nos casaremos, y ya nadie podrá separarnos.

—

—Claro que será así. El amor es invencible.

TEMAS Y SUGERENCIAS

1. Comente sobre semejanzas y diferencias entre este parque y el parque de su pueblo o barrio.
2. Hable sobre un día típico que Ud. pasaba en el parque cuando era niño(a).
3. Hable sobre el contenido del interesante artículo que lee al hombre del periódico.
4. Comente sobre el cochecito *(baby carriage)* abandonado. Invente una historia para explicar por qué está allí.
5. Comente sobre la estatua que se ve a lo lejos. Imagine en qué país estará este parque, busque información sobre un patriota de ese país que pudiera ser el personaje de la estatua, y háblele de ese personaje a la clase.
6. De la siguiente lista de diversiones, escoja alguna que Ud. tiene a veces o que tenía cuando era niño(a), y hable de ella.

   a) apostar bolitas b) patinar c) montar en los caballitos d) merendar en la hierba e) alquilar un bote de remos f) darles comida a las palomas g) montar en un columpio o en un sube y baja.

COMENTARIO CULTURAL

En los países hispánicos, lo mismo que en los Estados Unidos, hay varias clases de parques. El parque hispánico típico es más bien una plaza en el centro de la ciudad. Los españoles siempre construían sus ciudades y pueblos usando un parque central como punto de partida, y agrupando a su alrededor los edificios más importantes: el ayuntamiento *(City Hall),* la catedral o iglesia mayor y las tiendas. La mayoría de las ciudades y pueblos de Hispanoamérica siguen este patrón, porque fueron fundadas por los españoles en la época colonial. Este tipo de parque no es generalmente muy grande y no tiene columpios ni diversiones para los niños. Tiene bancos o sillas, algunas flores y árboles, una o varias estatuas de personajes históricos y frecuentemente una fuente. También hay en él muchas veces una glorieta o kiosko donde la banda municipal toca los días de fiesta. En los pueblos pequeños, el parque era en el pasado el lugar favorito de reunión de los jóvenes, pero esta costumbre va desapareciendo.

Hay también parques grandes, como Chapultepec en la ciudad de México y el Retiro de Madrid, con muchos árboles y diversiones para los chicos, donde la gente puede merendar sobre la hierba y pasar un domingo tranquilamente.

¿Ha visto Ud. parques parecidos al de Barcelona que aparece en la foto? ¿Tocan bandas a veces en los parques de los Estados Unidos? ¿Puede darnos ejemplos? ¿Cuál es el lugar favorito de reunión de los jóvenes de su pueblo o ciudad? ¿Cómo describiría Ud. un parque típico de los Estados Unidos?

Britton-Logan/Photo Researchers, Inc.

POLICÍA
MUSEO
BELLAS ARTES
E
NO ESTACIONARSE
ESCUELA
ESCUELA
LA MODERNA
IMPRENTA Y
PAPELERÍA
TAXI
TAXI
TAXI
PERIÓDICOS
PERIÓDICOS
RUTA 16
POLICÍA
METRO
P
PLAZA DE COLÓN
JOSÉ y MARÍA

ESCENA 3

EL TRANSPORTE

VOCABULARIO

arrow **la flecha**
baby carriage **el cochecito**
beggar **el mendigo**[1]
blades (helicopter) **las aspas**
briefcase **el maletín**
bus (school) **el autobús (escolar)**
bus stop **la parada de autobuses**
criminal **el, (la) delincuente**
crowd **la muchedumbre**[2]
driver **el chofer**
earphone radio **el radio de audífonos**
engineer (train) **el maquinista**
fare **el pasaje**
fine arts **las bellas artes**
fire hydrant **el hidrante**[3]
flat tire **la goma desinflada**[4]
fuel **el combustible**
handcuffed **esposado, -a**
handcuffs **las esposas**
heart **el corazón**
lane **la carrilera**[5]
line (solid) **la línea (continua)**
(broken) **(intermitente)**
motorcycle **la motocicleta**
newspaper stand **el puesto de periódicos**
on the left **a la izquierda**
on the right **a la derecha**
passenger **el (la) pasajero, -a**
paving **el pavimento**
pedestrian **el, la peatón**
passerby **el, la transeúnte**
pothole **el bache**
printing press **la imprenta**
sign **el cartel**
stationery store **la papelería**
stop (in a sign); halt **alto**[6]
street lamp **el farol**
subway **el metro**[7]
suitcase **la maleta**
taxi driver **el (la) taxista**
traffic signal (sign) **la señal de tráfico**
truck driver **el (la) camionero, -a**
umbrella **el paraguas**
walking cane **el bastón**
way (in a street) **la dirección**
wings **las alas**

Palabras cognadas: el (la) automovilista, el (la) ciclista, la estación, el helicóptero, el (la) motociclista, el (la) piloto, el poste

[1]el limosnero [2]la multitud [3]la bomba (de agua) [4]la llanta desinflada [5]el carril (P.R.) [6]pare [7]el tren subterráneo

to beg **mendigar, pedir limosna**
to cross (the street) **cruzar (la calle)**
to drive **conducir (zc), guiar, manejar**
to get off **bajar, apearse (de)**
to get on **subir (a)**
to go through (an intersection) **cruzar (una bocacalle)**
to hit (run over) **arrollar, atropellar**
to light (as a lamp) **alumbrar**
to ride **montar (en)**
to seize **apresar**
to turn (around the corner) **doblar (la esquina)**

Preguntas

1. ¿Qué hora será en esta escena? ¿Por qué cree Ud. que es esa hora?
2. ¿Qué cosas indican que aquí hay una estación del metro?
3. ¿Cómo sabemos que por este lugar pasó una persona enamorada?
4. Explique lo que sucederá posiblemente después que la mujer se apee del taxi.
5. Explique qué profesión podrá tener el hombre que corre y lo que llevará él en el maletín.
6. ¿Cuáles de estos medios de transporte no necesitan combustible? ¿Necesitan poco? ¿Mucho? ¿Son más rápidos?
7. Indique quién está oyendo música y cómo la oye.
8. Explique lo que significan la "P" y la "E" y por qué está tachada (crossed out) la "E".
9. ¿Qué problema tienen los policías con su carro?
10. ¿Por qué corre el chico que cruza la calle?
11. ¿Es peligroso lo que hace este chico? Explique su opinión.
12. Describa al mendigo y explique lo que está pasando entre él y el transeúnte.
13. ¿Está en buenas o en malas condiciones el pavimento? Explique.
14. ¿Por qué no podrá el camión doblar a la izquierda?
15. ¿Qué transportará el camión?
16. ¿Quién usa delantal? ¿Por qué lo usa?

Más Preguntas

1. ¿Ha dibujado Ud. alguna vez un corazón con una flecha? Explique.
2. ¿Cómo puede saber un automovilista la dirección del tránsito?
3. ¿En qué circunstancias tiene encendida la luz del techo un carro de policía?
4. Explique lo que deben hacer los otros vehículos cuando un autobús escolar se detiene, y por qué.

5. ¿Qué significa una línea intermitente en la calle? ¿Y una línea continua?
6. ¿Usa Ud. transportes públicos todos los días? ¿Por qué sí o por qué no?
7. ¿Cuáles son algunas cosas que se exhiben en un museo de bellas artes?
8. ¿Qué diferencias hay entre un avión y un helicóptero?

FORMACION DE PALABRAS

El inglés forma adverbios con el sufijo *-ly*, el español los forma añadiendo el sufijo **-mente** a la forma femenina del adjetivo, o a la forma común si el adjetivo no tiene una forma femenina: rápidamente *(rapidly)*, cuidadosamente *(carefully)*, claramente *(clearly)*, lentamente *(slowly)*, bondadosamente *(kindly)*, alegremente *(happily)*, fácilmente *(easily)*, tristemente *(sadly)*.

Combinando **con** y un sustantivo se puede también expresar la misma idea: con cuidado, con lentitud, con bondad, etc.

Práctica

Conteste afirmativamente, usando en su respuesta un adverbio terminado en **-mente**:

1. ¿Hablaba con tristeza el mendigo?
2. ¿Caminaba él con lentitud?
3. ¿Apresaron con facilidad los policías al delincuente?
4. ¿Hiciste tu trabajo con cuidado?
5. ¿Veías con claridad el semáforo desde la otra esquina?
6. Al montar en el autobús, ¿saludó el chico con alegría a sus amigos?
7. ¿Trató el transeúnte con bondad al mendigo?
8. ¿Llegó el taxi con rapidez a la Plaza de Colón?

PALABRAS QUE SE CONFUNDEN

A. Engineer

La palabra *engineer* significa **ingeniero, -a** cuando una persona tiene un título de la universidad como Ingeniero Civil o Ingeniero Eléctrico. Significa **el, la maquinista** cuando la persona guía un tren.

Los **ingenieros** construyen carreteras y puentes.
Engineers build highways and bridges.

El accidente sucedió porque el **maquinista** no paró el tren a tiempo.
The accident happened because the engineer didn't stop the train on time.

B. To Stop

1. Cuando el objeto o persona en movimiento es el sujeto de *to stop,* se usan **parar, parase o detenerse.** Para darle a alguien orden de parar se puede usar también **¡Alto!**

   El autobús no **para** en esta esquina.
   The bus doesn't stop at this corner.

   —**¡Deténgase (¡Alto)** o disparo!—gritó el policía.
   "Stop or I will shoot!" shouted the policeman.

2. Cuando el objeto o persona que se mueve es el complemento directo de *to stop,* se usan **parar** o **detener.**

   El hombre **paró** el coche y se apeó.
   The man stopped his car and got out.

   Esa mujer me ha robado la cartera. **¡Deténganla!**
   That woman has stolen my wallet. Stop her!

3. *To stop doing something* es **dejar de** o **parar de** + infinitivo.

   El taxista no **paró (no dejó) de** hablar en todo el viaje.
   The taxi driver didn't stop talking the whole way.

4. *To stop* como sinónimo de *to keep from* o *to prevent (something) from happening* es **impedir (le) (a uno)** + infinitivo o **impedir que** + subjuntivo.

   El policía **le impidió** al niño cruzar la calle.
   El policía **impidió que** el niño cruzara la calle.
   The policeman stopped the boy from crossing the street.

   La huelga de transportes no **me impedirá** ir al trabajo.
   La huelga de transportes no **impedirá que** yo vaya al trabajo.
   The transit strike will not stop me from going to work.

Práctica

Exprese en español.

1. The beggar stopped the passerby.
2. The truck stopped because the light was red.
3. The engineer didn't want to stop at that station.
4. His father stopped driving after the accident.
5. The stop sign didn't stop him from going through the intersection too fast.
6. An Ecuadorian engineer directed the construction of our subway.

LOS MODISMOS DE HOY

írse(le)[8] (a uno) el tren (el autobús) (el avión)	*to miss the train (bus) (plane)*
viajar a dedo, hacer autostop	*to hitchhike*
darse prisa	*to hurry, to hasten*
ir de prisa, tener prisa	*to be in a hurry*

Traté de **darme prisa,** pero **se me fue el tren** y ahora tengo que **viajar a dedo.**
I tried to hurry but I missed my train and now I have to hitchhike.

Práctica

Conteste usando los modismos anteriores en oraciones completas.

1. ¿Qué le dice su madre si son las ocho y media y Ud. tiene clase a las nueve?
2. ¿Cuál es la diferencia principal entre los peatones de un día de trabajo y los peatones de un domingo o día de fiesta?
3. ¿Cómo viajan muchos jóvenes cuando no tienen auto ni dinero para el pasaje?
4. ¿Qué me pasará si llego tarde al aeropuerto?
5. ¿Se le fue a Ud. alguna vez un tren? ¿Y un autobús?
6. Dé ejemplos de dos circunstancias en las que una persona tiene prisa.

PRACTICA DE VOCABULARIO

A. Explique lo que hace cada una de las siguientes personas.

1. un mendigo	6. un motociclista
2. un automovilista	7. un camionero
3. un maquinista	8. un taxista
4. un peatón	9. un transeúnte
5. un pasajero	10. un ciclista

B. Dé la palabra correcta para cada definición.

1. Dinero que Ud. paga cuando utiliza un transporte público.
2. Objeto que usan muchos viejos como ayuda para caminar.
3. Grupo numeroso de personas.
4. Lo que le pone el policía al delincuente cuando lo apresa.

[8] Fíjese en que **irse** es flexivo y la persona está representada por el pronombre de complemento indirecto: se me, se te, se le, se nos, se os, se les.

5. Objeto que nos protege del agua cuando llueve.
6. Luz que alumbra la calle.
7. Acción de bajarse una persona de un vehículo.
8. Sección del pavimento que está en malas condiciones.
9. Letrero que indica que un vehículo debe parar.
10. Lugar donde se hacen libros.

TEMAS Y SUGERENCIAS

1. Prepare un pequeño discurso titulado: "Los transportes en la ciudad donde vivo", explicando además en él las ventajas y desventajas de cada medio de transporte.
2. Describa la conversación del chico y el policía.
3. Explique por qué se lleva el policía al hombre esposado.
4. Imagine que de pronto se acaba toda la gasolina que hay en nuestro país, y describa Ud. los cambios que se verían en la escena si esto sucediera.
5. ¿Se resolvería el problema de la energía mejorando los transportes públicos? ¿Cómo podrían mejorarse éstos? ¿Cuáles son los motivos por los cuales muchas personas en los Estados Unidos no usan los transportes públicos?
6. Invente un cuento breve con el título: "El día que monté en el carro de la policía".

COMENTARIO CULTURAL

Esta es una estación del metro de la ciudad de México, uno de los más modernos del mundo. Fíjese en el hermoso piso, inmaculadamente limpio, y en las interesantes decoraciones con motivos indígenas de las paredes. Otros detalles agradables para el viajero que se encuentran en estas estaciones son la música indirecta y la proyección de diapositivas *(slides)* para entretenerlo mientras espera el tren. Los trenes, además, no hacen ruido, porque tienen neumáticos en las ruedas.

El domo que se ve en el cartel es el símbolo de la estación: cada una tiene el suyo, y dentro de los carros hay diagramas con todos los símbolos, lo cual hace muy fácil que el viajero se oriente.

En muchos países hispánicos es frecuente el uso de la hora al estilo militar. ¿Qué hora indica en nuestro sistema el reloj de la foto?

¿Qué otras estaciones de metro ha visto Ud.? ¿Las vio personalmente, o en el cine o la televisión? ¿Qué detalles similares y qué detalles diferentes tenían con la estación de la foto?

Carl Frank/Photo Researchers, Inc.

SALIDAS
SEVILLA 2:25
ROMA 4:30
BERLÍN 5:50
BARCELONA 6:00
LLEGADAS
BARCELONA 3:30
VALENCIA 4:25
OVIEDO 4:50
PARÍS 5:35
NEW YORK 6:30
ADUANA →
PUERTAS 1-6 →
← SALA DE ESPERA
DAMAS
CABALLEROS
LICORERÍA
LICORERÍA
EQUIPAJE
PASAJES
HABLAMOS ESPAÑOL
WE SPEAK ENGLISH
ON PARLE FRANÇAIS

ESCENA 4
EL AEROPUERTO

VOCABULARIO

airline **la línea aérea**
aisle **el pasillo**
arrival **la llegada**
baggage compartment **la sección de equipajes**
board (flight information) **la pizarra**
cage **la jaula**
cider (hard) **la sidra**[1]
claim ticket **el talón**
cockpit **la cabina de mando**
customs **la aduana**
departure **la salida**[2]
duty free **libre de derechos**
embassy **la embajada**
excess weight **el exceso de equipaje**[3]
farewell **la despedida**
flight (domestic) (international) **el vuelo (local) (internacional)**
gate **la puerta**
gentleman **el caballero**
gin **la ginebra**
highjacker **el secuestrador de aviones**
lady **la dama**
liquor store **la licorería**
mud **el fango**[4]
overnight bag **el maletín**
porter **el maletero**
raincoat **el impermeable**
rest room **el baño**[5]
rum **el ron**
scale **la pesa**
screen (T.V.) **la pantalla**
seat **el asiento**
sherry wine **el jerez**
shoe polish **el betún**
shoeshine boy **el limpiabotas**
smuggler **el contrabandista**
smuggling **el contrabando**
steward **el auxiliar de vuelo**
stewardess **la azafata**[6]
stowaway **el, la polizón**
suitcase **la maleta**
tip **la propina**
to + (destination) **con destino a + (lugar)**
tracks **las huellas**
traveler **el (la) viajero, -a**
waiting list **la lista de espera**
waiting room **la sala de espera**
window (plane) **la ventanilla**

Palabras cognadas: la bomba, el brandy, el champán, confirmar, el detector de metales, las drogas, inmigración, el pasaporte, el (la) piloto, la reservación, reservar, el revólver, la visa, el wisky.

[1]La sidra es un licor que se bebe mucho en España. [2]la partida [3]el sobrepeso [4]el lodo [5]el servicio, el váter (España) [6]la aeromoza, la cabinera (S.A.)

to arrive early **llegar adelantado**
(late) (on time) **(retrasado) (a tiempo)**
to board (the plane) **subir (al avión)**
to carry (a suitcase) **cargar (una maleta)**
to check one's baggage **facturar el equipaje (las maletas)**
to choose **escoger**
to embrace, hug **abrazar**
to fly **volar (ue)**[7]
to highjack **secuestrar**
to kiss **besar**
to land **aterrizar**
to leaf **hojear**
to meet (someone who is arriving) **recibir, esperar**
to pay customs **pagar (derechos de) aduana**
to say good-bye (to) **despedirse (de)**
to see someone off (on a journey) **despedir**
to search **registrar**
to smuggle **pasar (de) contrabando**
to shine shoes **limpiar zapatos**
to take off **despegar**
to (un)fasten one's seat belt **(des)abrocharse el cinturón**

Preguntas

1. ¿Qué le da el maletero al viajero? ¿Qué recibe él?
2. ¿Cómo sabemos que está lloviendo?
3. ¿Por qué besará la chica a su amigo? Explique su opinión.
4. ¿Qué hace la mujer que está junto al puesto de periódicos?
5. ¿Por qué es posible que esto no le guste al dueño del puesto?
6. ¿Cuáles son algunos de los licores que podrán comprarse en esta licorería?
7. ¿Por qué vendrá este niño con la azafata? Explique en qué basa Ud. su opinión.
8. ¿Por qué es evidente que el hombre que entra en el servicio no sabe español?
9. Explique lo que hace el empleado en la pizarra y por qué.
10. ¿De qué otra manera se exhibe este tipo de información en los aeropuertos modernos?
11. ¿Qué hacen probablemente la pasajera y la empleada en el mostrador de los pasajes?
12. Explique los problemas especiales que tendrá el hombre del perro y la manera de resolverlos.
13. ¿Será éste un aeropuerto internacional, o un aeropuerto de vuelos locales? Explique su opinión.
14. ¿Qué problema tendrá probablemente la mujer cuyo equipaje están pesando?
15. Explique lo que está haciendo el limpiabotas.
16. Además del presente cliente, ¿qué otro cliente tendrá probablemente el limpiabotas? ¿Por qué piensa Ud. así?

[7]**Volar** no tiene complemento directo en español. Un avión **vuela,** pero "to fly a plane" es **pilotear un avión.**

Más Preguntas

1. ¿Qué cosas debe saber y qué cualidades necesita una azafata?
2. ¿Le gustaría a Ud. ser piloto? ¿Y ser azafata o auxiliar de vuelo? ¿Por qué?
3. ¿Besa Ud. a las personas en las despedidas y en las llegadas? Explique a quiénes besa, a quiénes abraza, y a quiénes les da la mano.
4. ¿Por qué muchas personas compran licores y cigarrillos en el aeropuerto?
5. Explique por qué deben pasar los viajeros por el detector de metales antes de subir al avión y cómo funciona este sistema.
6. ¿En qué parte del avión prefiere sentarse? ¿Prefiere el asiento de la ventanilla o el del pasillo? ¿Por qué?
7. ¿Tiene Ud. un pasaporte? Explique en qué circunstancias se necesitan un pasaporte y una visa y cómo se obtienen ambos.
8. ¿Qué es y cuándo se utiliza una lista de espera? ¿Ha estado su nombre en alguna lista alguna vez? Explique.

FORMACION DE PALABRAS

Los sufijos **-ando** y **-iendo** se combinan con las raíces verbales para formar gerundios, que equivalen al participio presente (con sufijo *-ing*) del inglés. Pero en inglés las formas terminadas en *-ing* no son sólo formas verbales, sino que además funcionan como nombres sustantivos y como adjetivos, mientras que en español, las palabras terminadas en **-ando** y **-iendo** funcionan solamente como formas verbales.[8] Cuando una palabra inglesa terminada en *-ing* funciona como sustantivo, su equivalente en español es frecuentemente un infinitivo[9]; cuando funciona como adjetivo, su equivalente en español debe aprenderse con la práctica. Por ejemplo: **aburrido,-a** *boring;* **exigente,** *demanding;* **reclinable** *reclining;* **comprensivo,-a,** *understanding.* Observe los siguientes ejemplos:

> El avión estaba **aterrizando** cuando llegué al aeropuerto. (verbo)
> *The plane was landing when I arrived at the airport.*
>
> **Aterrizar** en medio de una tormenta de nieve puede ser muy peligroso. (sustantivo)
> *Landing in the middle of a snow storm can be very dangerous.*
>
> Hay un campo de **aterrizaje** cerca de mi casa. (adjetivo)
> *There is a landing field near my home.*

Práctica

Traduzca al español:

1. All our planes have reclining seats.
2. I won't go into the waiting room because I dislike waiting.

[8]Con excepción de **agua hirviendo** (boiling water)

[9]Recuerde que en español no se usa un gerundio después de una preposición, sino un infinitivo: **antes de salir** *(before leaving),* **sin hablar** *(without talking).*

3. The man was searching Thomas' suitcase when he saw the marijuana.
4. Many people are afraid of flying.
5. The steward was a very understanding man.
6. Lorenzo left without saying good-bye to me.
7. Smuggling is a serious problem in many airports.
8. Carrying suitcases all day (long) is boring work.

PALABRAS QUE SE CONFUNDEN

To Keep

1. Cuando *to keep* es sinónimo de "to keep or put away for safekeeping" equivale a **guardar.**

   No **guardes** tu pasaporte en la maleta, llévalo en el bolsillo.
   Don't keep your passport in your suitcase; carry it in your pocket.

2. Cuando *to keep* expresa la idea de tomar posesión, temporal o permanente, de algo, equivale a **quedarse con.**

   Le pagué al taxista y le dije que **se quedara con** el vuelto.
   I paid the taxi driver and I told him to keep the change.

3. *To keep* en el sentido de "to continue or to cause to continue in some stated place or condition" es **mantener(se).**

   El piloto **mantuvo** encendidos los motores mucho rato.
   The pilot kept the motors running for a long time.

   Tus zapatos **se mantendrán** brillantes si los limpias todos los días.
   Your shoes will keep shiny if you shine them every day.

   Es importante **mantener** la calma en caso de accidente.
   It is important to keep calm in case of an accident.

4. Además de los significados anteriores, *to keep* tiene muchos otros significados cuyos equivalentes en español deben aprenderse mediante la práctica. Algunos casos son:

to keep a promise (one's word)	cumplir una promesa (su palabra)
to keep a secret	guardar un secreto
to keep books (a diary) (a record)	llevar libros (un diario) (cuenta(s))
to keep (in good condition) (as foods)	conservarse
Keep off the grass	No pise la hierba
Keep out	No entre

Práctica

Complete los espacios en blanco con el equivalente apropiado de *to keep.*

1. Cuando hace mucho calor, la leche no ____ bien.
2. ____ todo nuestro dinero en ese banco.
3. Me es difícil ____ cuentas, ojalá tuviera una secretaria.

4. Siempre que le presto un libro a Jacinto, ____ con él.
5. En la cabina de mando no pueden entrar los pasajeros y hay un letrero que dice: ____.
6. Valentín me prometió ____ el secreto y se lo ha dicho a todo el mundo, no ____ su palabra.
7. No comprendo cómo ella puede ____ delgada si come tanto.
8. ____ un diario y escribo en él todos los días.
9. Las frutas se ____ frescas más tiempo si las ____ en el refrigerador.
10. El policía les mostró a los niños que jugaban en el parque el cartel que decía: ____.

LOS MODISMOS DE HOY

Impedir(le) que + subj.	*To keep (someone or something) from + pres. part.*
Seguir (continuar) + gerundio	*To keep on + pres. part.*
Tener al corriente	*To keep (someone) informed*
Tener en cuenta	*To keep in mind*

La azafata **impidió que** el niño (le impidió al niño que) se escapara.
The stewardess kept the child from running away.

Si **sigues (continúas)** estudiando así, sacarás una A en este curso.
If you keep on studying like this you'll get an A in this course.

La pantalla nos **tendrá al corriente** de cualquier cambio en el horario.
The screen will keep us informed about any change in the schedule.

Debes **tener en cuenta** que sólo te permiten llevar cuarenta libras de equipaje.
You must keep in mind that you are allowed only forty pounds of baggage.

Práctica

Conteste de manera original, incluyendo en su respuesta el modismo que se indica en cada caso.

1. ¿Qué impiden los empleados de la aduana? (impedir que + subjuntivo)
2. ¿Dejó de besar la joven a su novio cuando vio a su padre? (seguir + gerundio)
3. ¿Qué debo tener en cuenta si quiero viajar con un perro? (tener en cuenta)
4. ¿Por qué leen tantas personas los periódicos todos los días? (tener al corriente)
5. Además de los periódicos, ¿qué otros medios de comunicación nos informan de lo que pasa en el mundo? (tener al corriente)
6. ¿Para qué tienen generalmente los baños de los aeropuertos letreros en varios idiomas? (impedir que + subjuntivo)

7. ¿Qué tienen en cuenta las autoridades de los Estados Unidos cuando ponen letreros en español en los lugares públicos? (tener en cuenta)
8. ¿Crees que debemos seguir practicando estos modismos? (continuar + gerundio)

PRACTICA DE VOCABULARIO

A. Coloque las siguientes acciones en el orden en que las haría alguien que saliera de viaje, e incorpórelas luego a una breve narración en primera persona: *abrazar, abrocharse el cinturón, despedirse de un amigo, confirmar la reservación, facturar el equipaje, reservar un asiento, hojear una revista, llegar adelantado, recibir los talones, subir al avión.*

B. Decida cuál palabra de la columna **B** tiene relación con cada palabra de la columna **A**, y haga después una oración usándolas. (A veces hay más de una posibilidad).

A	B
1. aduana	manzanas
2. azafata	libre de derechos
3. asiento	pasillo
4. cabina de mando	limpiabotas
5. damas	maletín
6. fango	pasaje
7. licorería	lista de espera
8. polizón	baño
9. sidra	jerez
10. ventanilla	piloto

TEMAS Y SUGERENCIAS

1. Todos los días se lee en los periódicos sobre personas que trataron de entrar artículos de contrabando en nuestro país. Comente sobre las distintas maneras de pasar drogas y otros artículos, y sobre casos recientes aparecidos en la prensa.
2. Escriba una composición explicando por qué le gusta (o no le gusta) viajar en avión y contando sobre una vez que voló.
3. Los estudiantes se dividirán en grupos y prepararán diálogos representando a algunas de las personas que se ven en la escena.
4. Es posible que el niño que está con la azafata sea un pasajero que viaja solo y a quien su madre va a recibir, pero también es posible que sea un polizón que trató de escaparse. Imagine esta última posibilidad y prepare una noticia para el periódico contando lo sucedido.
5. Imagine que Ud. iba en un avión que fue secuestrado y prepare una narración detallada de lo que sucedió. Otros estudiantes pueden hacer el papel de periodistas y preguntarle sobre su aventura.

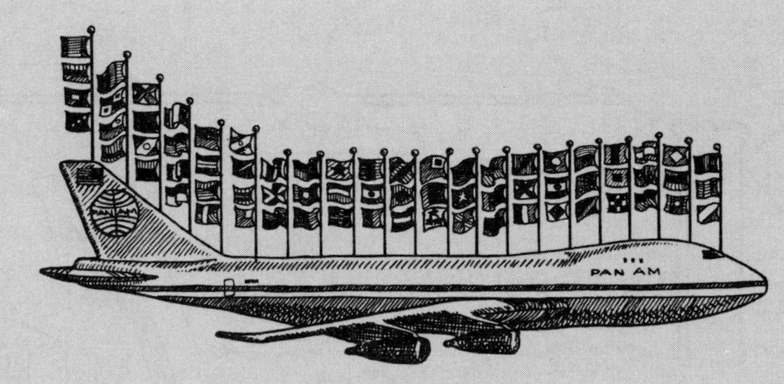

Pan Am se siente en casa en cualquier lugar del mundo. Queremos que usted se sienta igual.

Volamos a más de 65 países y tenemos más de 195 hogares en 6 continentes: son nuestras oficinas, donde usted se siente en casa.

Ahí tenemos gente del lugar, no sólo amable sino experimentada, que le recomendará restaurantes buenos y razonables, tiendas convenientes, eventos locales, paseos...

Y cuando usted elige "la línea aérea de servicio completo," sólo le basta una llamada. Nuestra red mundial de comunicaciones le reservará su vuelo a dondequiera. Su hotel. Un auto para manejar. Hasta un sitio en el comedor exclusivo de Primera Clase en un 747.

Por cierto, donde usted más se siente en casa con Pan Am® es volando. En el sereno ambiente de un confortable jet. Mirando cine de estreno o escuchando estéreo.* Y sintiendo el agasajo de las sonrisas más bellas del mundo.

Llame a su Agente de Viajes, suba a Pan Am, y siéntase en casa...en el mundo.

La línea aérea de mayor experiencia en el mundo.

*Auriculares US $2.50.

COMENTARIO CULTURAL

Un mismo producto cambia a veces sus anuncios para adaptarlos a la idiosincrasia del país y gente a quienes van dirigidos. Este anuncio de Pan Am, sin embargo, expresa en español más o menos las mismas ideas contenidas en anuncios de esta clase que se publican en inglés.

¿En qué característica de esta línea aérea se pone más énfasis aquí? ¿Qué se quiere indicar con las banderas en el dibujo? ¿Qué ventajas le ofrece al viajero el "servicio completo" que se menciona? ¿Qué cosas agradables le esperan al viajero dentro del avión?

Si esta compañía le regalase a Ud. ahora un pasaje para el lugar de su preferencia, ¿a qué país iría? ¿Por qué?

red **network**
agasajo **friendly treatment**
bandera **flag**

PÉREZ
JARDINERO

ESCENA 5

LA VIDA EN LAS AFUERAS

VOCABULARIO

attic **el desván**
barbecue **la barbacoa**
brush (painter's) **la brocha**
bushes **los arbustos**
chalk **la tiza**
chimney **la chimenea**
coal **el carbón**
daisy **la margarita**
(dis)advantage **la (des)ventaja**
dog house **la perrera**
drop cloth **la lona**
garbage can **el latón de basura**
garden **el jardín**
gardener **el jardinero**
gardening tools **las herramientas de jardinería**
groceries **los comestibles**
hopscotch **la rayuela**[1]
hedge **el seto**
hose **la manguera**
hot dog **el perro caliente**[2]
in the back (background) **al fondo**
kneeling **arrodillado, -a**
knocker **el llamador**
ladder **la escalera**
lawn **el césped**
lawn mower **la cortadora de hierba**
next to **junto a**
pail **el cubo**
paint **la pintura**
painter **el pintor**
pool **la piscina**[3]
poppy **la amapola**
rag **el trapo**
rake **el rastrillo**
roof (tile) **el techo (de tejas)**[4]
rooster **el gallo**
seeds **las semillas**
shutters **las hojas (de la ventana)**
spot, stain **la mancha**
station wagon **la camioneta**
sunflower **el girasol**
toy (rubber) **el juguete (de goma)**
turpentine **el aguarrás**
vane (weather) **la veleta**
weeds **las hierbas malas**[5]
yard **el patio**

Palabras cognadas: la antena, el garaje, el geranio, la hamburguesa, la lila, la petunia, el tulipán

[1]la pata coja (Esp.) [2]la salchicha [3]la alberca (Méx.) [4]el tejado [5]la maleza

to hop **brincar**
to paint **pintar**
to plant **sembrar (ie)**
to prune, trim **podar**
to pull out **arrancar**
to rake **rastrillar**
to remove **quitar**
to set the table **poner la mesa**
to splash **salpicar**
to spot, stain **manchar**
to take out the garbage **sacar la basura**
to turn over **remover (ue)**
to water **regar**

Preguntas

1. ¿Cómo podemos saber qué día de la semana y qué hora es?
2. ¿Por qué hay una lona debajo de la escalera?
3. Explique lo que lleva el niño en la mano y por qué lleva estas cosas.
4. ¿Qué cocinarán los hombres? ¿Cómo lo hacen?
5. ¿Qué está haciendo la mujer que se ve al fondo, en la casa de la derecha?
6. ¿Cómo sabemos que en esta casa hay un perro?
7. ¿Qué hace el niño que está al borde de la piscina?
8. ¿Para qué se usa la manguera en la casa de la derecha?
9. ¿Qué estará haciendo la mujer arrodillada junto a las flores?
10. Hay dos perros en la escena, ¿qué hacen ellos?
11. ¿Qué mira el niño que está en la ventana? ¿Y la niña que está junto a la cerca?
12. ¿Qué transporta el camión que se ve en primer plano?
13. ¿Qué hace la mujer de la camioneta? ¿Quién la ayuda?
14. ¿Qué ha dibujado alguien en la acera? ¿Con qué lo hizo probablemente?
15. Describa las dos casas que están en primer plano.
16. Nombre algunas flores que posiblemente se cultivan en el jardín que está a la derecha.

Más Preguntas

1. ¿Por qué no quieren muchas personas pasar por debajo de una escalera? ¿Pasa Ud.?
2. Explique lo que hace un jardinero.
3. Explique los diferentes usos que tiene una manguera.
4. ¿Cuáles son las ventajas y las desventajas de tener una camioneta?
5. ¿Qué diferencias hay entre una antena y una veleta?
6. ¿Por qué hay chimeneas en los techos de las casas? ¿Hay una en su casa?

7. Explique lo que tiene que hacer uno si quiere un bonito jardín lleno de flores.

8. ¿Jugaba Ud. de niño(a) a la rayuela? Explique cómo se juega.

FORMACION DE PALABRAS

Los sustantivos abstractos que corresponden a un adjetivo son femeninos. Los sufijos que se usan más frecuentemente en la formación de estos sustantivos son: **-dad, encia, -ez, -eza, -ud.** Compare los siguientes sustantivos con sus equivalentes en inglés, la mayoría de los cuales terminan en *-y, -ence* y *-ness.*

	Sustantivo	Adjetivo
kindness	**bondad**	bondadoso, -a
liberty	**libertad**	libre
difficulty	**dificultad**	difícil
decency	**decencia**	decente
intelligence	**inteligencia**	inteligente
prudence	**prudencia**	prudente
scarcity	**escasez**	escaso, -a
timidity	**timidez**	tímido, -a
old age	**vejez**	viejo, -a
beauty	**belleza**	bello, -a
greatness	**grandeza**	grande
sadness	**tristeza**	triste
youth	**juventud**	joven
slowness	**lentitud**	lento, -a

Práctica

Escoja el sustantivo apropiado para cada oración: belleza – dificultad – escasez – niñez – paciencia – pequeñez – pureza – rapidez – tranquilidad – vejez

1. No me gusta la vida de la ciudad por su ____.
2. Prefiero la vida del campo por su ____.
3. Muchas personas se van a vivir al campo en su ____.
4. Una virtud importante en un buen jardinero es la ____.
5. Las flores les gustan a muchas personas por su ____.
6. Está escasa la gasolina. Hay una gran ____.
7. Las hojas de la ventana están rotas y se abren con ____.
8. Recuerdo que me gustaba mucho jugar a la rayuela en mi ____.
9. La casa era bonita, pero no nos mudamos a ella por su ____.
10. Lo que más me gusta del campo es la ____ del aire.

PALABRAS QUE SE CONFUNDEN

A. Brush

El equivalente de la palabra *brush* es **brocha** cuando se usa para pintar paredes, y es **pincel** cuando es fino y se usa para pintar obras de arte. El equivalente de *brush* es **cepillo** en los otros casos.

B. To Remove

El verbo **quitar(se)** es generalmente el equivalente de *to remove.*

> El policía les dijo que **se quitaran** de la acera y que **quitaran** también las maletas.
> *The policeman told them to leave the sidewalk and to remove their suitcases also.*
>
> Todos los nobles **se quitaban** el sombrero delante del rey.
> *All the noblemen removed their hats in front of the king.*
>
> Este producto es excelente para **quitar** las manchas de grasa.
> *This product is excellent to remove grease stains.*

El verbo **remover** significa *to turn over,* y se usa especialmente cuando se habla de **remover la tierra.**

> Siempre **remuevo** bien **la tierra** antes de plantar las semillas.
> *I always turn over the soil well before planting the seeds.*

Práctica

Complete con la palabra correcta.

1. —Señora, ____ de delante de mí, o ____ ese sombrero enorme, porque no me deja ver la película.
2. Si riegas la tierra antes, será más fácil ____.
3. No puedes pintar la pared con un ____, necesitas una ____.
4. Si quieres ____ las manchas de pintura, usa un ____ y aguarrás.
5. Ya las hamburguesas están listas, las ____ de la barbacoa.
6. En ese parque había antes una estatua, pero la ____ el mes pasado.

LOS MODISMOS DE HOY

(estar) asomado, -a, -os, -as (a la ventana, etc.)	*(to be) looking out (of the window, etc.)*
en mi (tu, etc.) vida	*I (you, etc.) never (emphatic)*
¡Ya lo creo!	*I should say so, "you bet"*

¿Es más agradable **estar asomado** a la ventana que estudiar? **¡Ya lo creo!**
Is looking out of the window more pleasant than studying? I should say so!

En mi vida he visto una persona más perezosa que tú.
I have **never** *seen a lazier person than you.*

Práctica

Traduzca.

1. We were looking out of the balcony the whole afternoon.
2. He said he had *never* seen a dirtier station wagon.
3. Did your mother like my flowers? You bet!
4. I have *never* seen my father looking out of the window.
5. Will your girl friend be looking out of the door waiting for you? I should say so.

PRACTICA DE VOCABULARIO

A. Haga un comentario original con cada grupo de palabras.

1. pincel / brocha / cepillo
2. manchar / pantalones / pintura
3. perro caliente / barbacoa / pan
4. regar / jardín / geranios
5. al fondo / latón de basura / patio
6. jardinero / setos / podar
7. techo / chimenea / antena
8. visita / puerta / llamador
9. acera / brincar / rayuela
10. sembrar / flores / semillas

B. Complete los espacios en blanco.

1. Cuando la _____ se mueve indica la dirección del viento.
2. La camisa de Alberto estaba sucia. Tenía _____ de pintura.
3. Martín construyó una _____ para su perro en el patio.
4. Los chicos _____ mucha agua cuando jugaban en la piscina.
5. La _____ es una flor de color rojo y el _____ es amarillo.
6. Necesito un _____ con agua para limpiar las ventanas.
7. Cuando pinto, uso una _____ para proteger el piso.
8. Ella cuida las flores y arranca las _____.
9. La veleta que hay en el techo de mi casa tiene un _____ de metal.
10. Mi hermano riega el jardín con una _____.
11. No hay árboles grandes cerca de la casa, pero sí hay _____ y _____.
12. Cortamos el _____ con una cortadora de hierba.

TEMAS Y SUGERENCIAS

1. Explique todos los materiales y objetos que se necesitan para pintar una habitación, y para qué se usa cada uno.
2. Hay nueve personas relacionadas de alguna manera con la casa de la derecha. Dele un nombre e identidad a cada una de ellas, y cuente la historia de su vida, la relación que existe entre ella y las demás personas, etc.
3. Explique por qué esta escena es (o no es) típicamente norteamericana.
4. Si Ud. vive en las afueras, compárela con la escena que se ve los domingos en su barrio.
5. Comente sobre las ventajas y desventajas de vivir en las afueras. ¿Prefiere Ud. esta vida a la vida de ciudad? Explique su preferencia.
6. Prepare una narración sobre el tema: "Una barbacoa en la que participé una vez."

COMENTARIO CULTURAL

En general, a los hispanos no les gusta vivir en las afueras tanto como a los norteamericanos. La palabra "suburbio" en español se refiere a un barrio de gente muy pobre, y en "las afueras", las zonas residenciales que están lejos del centro, predominan las mansiones elegantes para gente rica. Las personas de clase media prefieren vivir en la ciudad, cerca del lugar donde trabajan, con muchos medios de transporte a su disposición.

Los hispanos que viven en las afueras llevan una vida más ceremoniosa y privada que los norteamericanos: es difícil que Ud. los vea almorzar en el patio a la vista de todos los vecinos, tomar el sol con poca ropa acostados en la hierba, o andar sin zapatos.

El estilo de construcción antiguo, heredado de España, pone énfasis en un tipo de vida "puertas adentro". Fíjese en la residencia tradicional que se ve en la foto: las habitaciones dan a *(face)* un patio interior que tiene una fuente, árboles y flores, es decir, los elementos de un jardín, pero invisible para los que pasan por la calle.

¿Le gustaría a Ud. tener un patio así en su casa? Explique su respuesta. ¿Cuáles de las cosas que se mencionan en el segundo párrafo ha hecho Ud.?

NACIONAL

ESCENA 6

LA SALA

VOCABULARIO

armchair **el sillón**
ashes, cinders **las cenizas**
ashtray **el cenicero**
banister **el pasamanos**
bishop (chess) **el alfil**
board (game) **el tablero**
candle **la vela**
cane **el bastón**
carpet (wall to wall) **la alfombra (de pared a pared)**
checkers **las damas**
chess **el ajedrez**
dream, sleep **el sueño**
drum **el tambor**
fireplace **la chimenea**
grandson, grandaughter **el (la) nieto, -a**
hem **el dobladillo**
lamp (table) (floor) **la lámpara (de mesa) (de pie)**
lampshade **la pantalla**
logs **la leña**
mantelpiece **la repisa de la chimenea**
measuring tape **la cinta de medir**
move (in a game) **la jugada**
needle **la aguja**
pawn (chess) **el peón**
piece (game) **la pieza**
pillow (decorative) **el cojín**
pin **el alfiler**
pin cushion **el alfiletero**
portrait **el retrato**
rook (chess) **la torre**
scissors **las tijeras**
sewing box **el costurero**
soccer ball **la pelota de fútbol**[1]
spool of thread **el carretel de hilo**
squatting (position) **en cuclillas**
step (stairway) **el peldaño**[2]
table (coffee) (side) **la mesa (de centro) (lateral)**
thimble **el dedal**
thread **el hilo**
top (toy) **el trompo**
with arms (legs) crossed **con los brazos (las piernas) cruzados, -as**

[1]la pelota de balompié [2]el escalón (escalera)

to do needlework (on canvas) **bordar en cañamazo**
to embroider **bordar**
to have a nightmare **tener una pesadilla**
to lengthen **alargar**
to mend **remendar (ie), zurcir**
to scratch (mark a surface) **rayar**
to sew **coser**
to sew a button **pegar un botón**
to shorten **acortar**

Preguntas

1. ¿Qué miembros tiene esta familia?
2. ¿En qué estación y a qué hora pasará esta escena? Explique sus razones para pensar así.
3. ¿Quién está en cuclillas? ¿Quién tiene los brazos cruzados?
4. Explique dónde tiene los pies la hija mayor y lo que hay de malo en ello.
5. ¿Cómo sabemos que la abuela camina con dificultad?
6. ¿Qué objeto peligroso hay en un peldaño de la escalera? ¿Por qué es peligroso?
7. ¿Qué muebles hay en la sala? ¿Qué objetos de adorno?
8. ¿Dónde está el padre? ¿Qué hace él?
9. ¿Qué estuvo haciendo el padre antes? ¿Cómo lo sabemos?
10. ¿Cómo sabemos que el chico que duerme estuvo jugando recientemente?
11. ¿Por qué es posible que el chico no pueda dormir mucho tiempo más?
12. ¿Qué pruebas hay de que alguien estuvo cosiendo hace poco?
13. ¿Quién estaría cosiendo? ¿Por qué no habrá cerrado el costurero?
14. ¿Qué hacen la madre y la hija?
15. ¿Quién hará posiblemente la próxima jugada? ¿Cómo lo sabe Ud.?
16. ¿Cómo sabemos que alguien en esta familia fuma? ¿Quién será?

Más Preguntas

1. ¿Cuáles son las ventajas y las desventajas de tener una alfombra de pared a pared en la sala?
2. ¿Por qué no se pone alfombra en el área que está cerca de la chimenea?
3. ¿Qué objetos contiene el costurero de su casa?
4. Explique para qué se usa cada uno de estos objetos.
5. ¿Quién cose o borda en su casa? Dé ejemplos de lo que hace.
6. ¿Por qué es bueno que la abuela viva con la familia?
7. ¿Qué puede hacerse para evitar accidentes en las escaleras?
8. Cuente un sueño o pesadilla interesante que haya tenido.

FORMACION DE PALABRAS

Explique en español la relación que existe entre las siguientes palabras.

1. cenicero – ceniza
2. alfiletero – alfileres
3. dedal – dedo
4. dobladillo – doblar
5. pasamanos – mano
6. tablero – tabla
7. sillón – silla
8. jugada – jugar

PALABRAS QUE SE CONFUNDEN

A. Pillow

La palabra *pillow* significa **almohada** cuando se usa en una cama, pero cuando se usa como decoración, la palabra *pillow* es **cojín. Cojín** significa también *cushion*, cuando *cushion* se refiere al lugar donde uno se sienta.

Práctica

Conteste con oraciones completas.

1. ¿Dónde pone Ud. la cabeza cuando duerme?
2. Además de almohadas, ¿tiene Ud. también cojines en su cama? ¿Cuántos?
3. ¿Qué muebles se adornan generalmente con cojines?
4. ¿Es cómodo, o incómodo el cojín de un sillón muy viejo?
5. ¿De qué color son los cojines que hay en la sala de su casa?
6. Explique con sus propias palabras la diferencia entre una almohada y un cojín.

B. Saber y Conocer

To know equivale a veces a **saber** y a veces a **conocer.**

1. Cuando *to know* significa *to be informed* o *to know from memory or from study*, su equivalente en español es **saber.**

   No **sé** cómo se llama ese señor y tampoco **sé** dónde vive.
   I don't know that gentleman's name and I don't know where he lives either.

2. *To know how* o *can* es **saber** sin ninguna preposición.

   Víctor es el único de mis amigos que **sabe** jugar al ajedrez.
   Victor is the only one of my friends who can play chess.

3. Cuando *to know* significa *to be acquainted with a person or thing* o *to be familiar with* su equivalente as **conocer.**

    No **conozco** al Sr. Martín, pero **conozco** a su esposa.
    I don't know Mr. Martín, but I know his wife.

    Si salgo solo me perderé, porque no **conozco** la ciudad.
    If I go out alone, I will get lost because I don't know the city.

4. **Conocer** significa también *to meet* cuando dos personas son presentadas socialmente.

    —Pablo, quiero que **conozcas** a mi amigo Luisito.
    —Mucho gusto en **conocerle.**
    "Pablo, I want you to meet my friend Lou." "Glad to meet you."

Práctica

Exprese en español.

1. My cousin knows those boys but he doesn't know their ages.
2. I didn't know that you could (knew how to) play checkers.
3. She doesn't know where the scissors are.
4. Do you know if she cleaned the ashtrays?
5. We don't know them but we met their parents last week.
6. Do you know any of Picasso's paintings?

LOS MODISMOS DE HOY

pegar un botón *to sew a button*
hacer trampa *to cheat*

Necesito hilo negro para **pegar este botón.**
I need black thread to sew this button.

Luis ganó el juego porque **hizo trampa.**
Louis won the game because he cheated.

Práctica

A. Cambie el mandato de esta oración, adaptándolo a las personas que se indican. Cambie también el posesivo.
A *tu* abrigo le falta un botón, *pégaselo.*
(Ud. – nosotros – Uds. – vosotros)

B. Conteste usando oraciones completas.

1. ¿Hace trampa Ud. a veces?
2. ¿Conoce personas que hacen trampa cuando juegan?
3. ¿Hizo trampa alguno de sus amigos en un examen alguna vez?
4. ¿Qué pasa cuando un profesor descubre que un estudiante está haciendo trampa en un examen?

PRACTICA DE VOCABULARIO

A. Relacione cada objeto de la columna **A** con el lugar de la columna **B** donde se encuentra normalmente, y haga una oración con ambas palabras.

	A	B
1.	cojín	lámpara
2.	peón	sofá
3.	hilo	chimenea
4.	aguja	repisa
5.	leña	mesa de centro
6.	pasamanos	mesa lateral
7.	pantalla	tablero
8.	cenicero	alfiletero
9.	teléfono	escalera
10.	retrato	costurero

B. Usando los verbos **acortar, alargar, bordar en cañamazo, pegar** y **remendar,** explique con oraciones completas lo que hace una persona cuando...

1. se le cae un botón de la blusa o camisa
2. tiene una falda muy corta
3. quiere tener un bonito cojín bordado en su sala
4. tiene los pantalones rotos
5. tiene un par de pantalones muy largos

CREACION

Imagine que Ud. es el amigo o la amiga con quien habla la chica por teléfono y complete el diálogo.

—Hola.

—

—Y tú, ¿cómo estás? ¿Recibiste mi mensaje?

—

—¿Por qué no le pides prestado el dinero a tu hermano?

—

—Trata de convencerlo. Sería una lástima que perdiésemos esta oportunidad.

—

—Sí, pero si no compramos las entradas el mismo día que las pongan en venta, se acabarán.

—

—Sí, Marita consiguió las entradas para los Grateful Dead el mismo día del concierto, pero tuvo que pagar mucho sobreprecio.

—

—Le costaron como $30 cada una. Imagínate, gastó todo el dinero que tenía en la alcancía (piggy bank) para ver a sus ídolos.

—

—Sí, tienes razón, en un caso así, vale la pena. Pero mis padres me matarían si yo hiciera algo así.

—

—Bueno, llámame tan pronto resuelvas algo.

—

—Muy bien. Adiós.

TEMAS Y SUGERENCIAS

1. Señale las semejanzas y diferencias entre esta escena y una noche típica de invierno en la sala de su casa.
2. Comente sobre el juego de ajedrez, sus reglas, su interés, su origen.
3. Hable de las diferencias más importantes entre el ajedrez y las damas.
4. En esta sala no se ve un televisor. ¿Es buena o mala idea tener un televisor en la sala? Relacione su opinión con su experiencia personal.
5. Cuente el sueño que está soñando el chico.
6. Cuente la pesadilla del padre.

COMENTARIO CULTURAL

En los hogares de los países hispánicos, lo mismo que en los de los Estados Unidos, hay ahora una actitud muy práctica con respecto a la decoración. Cuando una persona compra objetos para su casa, no solamente mira que sean bonitos y elegantes, sino también que sean durables, cómodos, útiles y fáciles de limpiar o lavar. Un buen ejemplo es este anuncio, en el que los muebles de la sala tienen tapicería desmanchable.

Un detalle simpático es la manera en que se usa el nombre de la tela en el diálogo. El hombre contesta: "¡Sí, Iké!", que equivale fonéticamente a "¡Sí, y qué!" ("Yes. So, what?")

¿Tiene Ud. muebles de color claro en su casa? ¿Compraría un sofá blanco? ¿Por qué, o por qué no? ¿Come Ud. a veces en el sofá de su sala? Explique su respuesta. ¿Hay objetos en su hogar que se compraron principalmente por razones prácticas? ¿Hay objetos que son decorativos, pero no prácticos? ¿Cuáles?

¡Sí, IKÉ*!

Disfrute sus muebles con toda confianza. IKÉ es la nueva tela de tapicería que resiste cenitas, bebida, ceniza... y sigue tan elegante, porque tiene todas las ventajas que aseguran su inversión:

- Es totalmente desmanchable
- Muy resistente y durable
- Viene en gran variedad de diseños y colores.

Su elegancia lo resiste todo.

*® MARCA REG.

claro **light-colored**
resistir **to stand, endure**
tapicería **upholstery**
cenitas **informal dinners**
inversión **investment**
desmanchable **stain-proof**
diseños **designs**

LACA

ESCENA 7

EL DORMITORIO

VOCABULARIO

alarm clock **el (reloj) despertador**
bathrobe **la bata de baño**
bedroom **el dormitorio**[1]
bedspread **la colcha**[2]
belt **el cinturón**
blanket **la manta**[3]
blush **el colorete**
cheeks **las mejillas**
chest (linen) **el arca**
closet **el ropero**
comb (ornamental) **el peine; la peineta**
cream jar **el pote de crema**
crib (portable) **la cuna (portátil)**
diaper (disposable) **el pañal (desechable)**
dresser **la cómoda**
eyebrows **las cejas**
eyelashes **las pestañas**
eyelids **los párpados**
eye shadow **la sombra para los ojos**
foot stool **el escabel**
hairbrush **el cepillo de pelo**
hair dryer **el secador de pelo**
hair spray **la laca**
hanger **el gancho**[4]
iron **la plancha**
ironing board **la tabla de planchar**
jewelry case **el joyero**
lazy **perezoso, -a**[5]
leash **la traílla**
lipstick **el lápiz de labios**
make-up **el maquillaje**
mascara **el rimel**
mirror **el espejo (de)**
(magnifying) **aumento (de)**
(full length) **cuerpo entero)**
night table **la mesa de noche**
on top of **encima de, sobre**
perfume bottle **el frasco de perfume**
pillow case **la funda**
pin (decorative) **el prendedor**[6]
powder **el (los) polvo(s)**
rocking chair **la mecedora**[7]
safety pin **el imperdible**
screen **el biombo**
sheet **la sábana**
skin **la piel**[8]
sleepy-head **el dormilón, la dormilona**
slippers **las zapatillas**[9]
tweezers **las pinzas**
underwear **la ropa interior**
wrinkled **arrugado, -a**

Palabras cognadas: la crema, el perfume

[1]la alcoba, la recámara (Méx.) [2]el, la sobrecama [3]la frazada, la cobija (C.A.) [4]la percha [5]vago,-a, flojo,-a (Méx.) [6]el alfiler [7]el balance [8]el cutis (for face only) [9]las pantuflas

to brush **cepillar**
to comb (one's hair) **peinarse**
to iron **planchar**
to pin **prender**
to pluck one's eyebrows **sacarse las cejas**
to put on make-up **maquillarse**
to rock **mecer(se)**
to smell **oler (huelo)**
to snore **roncar**
to (un)dress **(des)vestirse**
to walk one's dog **sacar a pasear al perro**

Preguntas

1. ¿Por qué podemos suponer que la mujer se está mirando al espejo?
2. ¿Cómo sabemos que la mujer estuvo planchando hace poco?
3. Además de la plancha, ¿qué otros objetos hay sobre la tabla de planchar y por qué estarán allí?
4. ¿Dónde está el bebé?
5. ¿Cree Ud. que el bebé duerme en este cuarto? ¿Por qué lo cree (o no lo cree)?
6. ¿Por qué podemos suponer que la mujer va a salir?
7. ¿Cuáles de los objetos que hay encima de la cómoda se usan en el pelo?
8. ¿Qué objetos se usan para maquillarse?
9. ¿Qué contiene probablemente este joyero?
10. Diga dónde está el arca y lo que contendrá.
11. ¿Cree Ud. que el hombre es un poco perezoso? Explique su opinión.
12. ¿Cómo sabemos lo que quiere el perro?
13. ¿Para qué se usa un biombo?
14. ¿Cómo sabemos que alguien usó este biombo recientemente?
15. ¿Por qué es apropiado que haya una mecedora en este dormitorio?
16. Explique la presencia de los objetos que hay sobre la cama y cerca de ésta.

Más Preguntas

1. ¿Cómo hace una mujer más atractivas sus cejas? ¿sus pestañas? ¿sus párpados?
2. ¿Qué diferencias hay entre un espejo de aumento y uno de cuerpo entero?
3. ¿Por qué hoy en día no se usan tanto como antes los imperdibles en los bebés?
4. ¿Qué otros usos tiene un imperdible? ¿Cuándo ha usado Ud. uno?
5. ¿Qué diferencias hay entre un reloj despertador y un radio reloj? ¿Cuál usa Ud.? ¿Por qué?
6. Describa el contenido de su ropero.
7. ¿En qué circunstancias no tiene colcha la cama de Ud.? ¿Cómo es su colcha?
8. ¿Es Ud. dormilón (dormilona)? ¿Ronca Ud.? ¿Tiene el sueño profundo? Explique.

FORMACION DE PALABRAS

El inglés usa muy frecuentemente nobres como adjetivos: *clothes brush, cream jar, perfume bottle, safety pin, eye shadow.* En español no se puede hacer esto; es necesario usar un adjetivo o formar una frase con la preposición **de.** A veces también se usa la preposición **para,** especialmente cuando se indica el uso de un objeto: cepilo de (para) ropa, pote de crema, frasco de perfume, imperdible (adjetivo), sombra para los ojos.

Práctica

Forme una expresión uniendo palabras de las dos columnas con la preposición **de.** Haga una oración con cada expresión que formó.

A	B
secador	cejas
tabla	noche
máquina	casa
mesa	escribir
lápiz	planchar
bata	pelo

PALABRAS QUE SE CONFUNDEN

To Look

1. *To look (at)* es **mirar.** No lleva preposición cuando uno mira un objeto, lleva la preposición **a** cuando uno mira a una persona.

   Estoy **mirando** los objetos que están encima de la cómoda.
   I am looking at the objects that are on top of the dresser.

   El perro está **mirando** a su dueño.
   The dog is looking at his master.

   To look at oneself in the mirror es **mirarse al espejo.**

   Siempre **me miro** al espejo cuando me peino.
   I always look at myself in the mirror when I comb my hair.

2. Cuando *to look* es equivalente de *to seem* se usa **parecer** en español.

   El cuarto de las chicas **parece** más pequeño que el de los chicos.
   The girls' room looks smaller than the boys'.

3. Cuando *to look* se refiere al aspecto exterior de una persona, como en el caso de *to look pretty (bad) (tired) (young) (elegant), etc.* se usa **verse** en español.

   Ella **se ve** muy bonita con ese maquillaje nuevo.
   She looks very pretty with that new make-up.

   To look (good) (bad) (on one) se expresa en español con el modismo **quedar(le) (bien) (mal) (a uno).**

   Nos miramos al espejo para comprobar si la ropa **nos queda** bien.
   We look in the mirror to check if our clothes look good on us.

4. *To look for* equivale a **buscar.** No lleva ninguna preposición, excepto la preposicón **a** cuando se busca a una persona.

   Yo **busco** mi collar y Amalia **busca** a Clara.
   I am looking for my necklace and Amalia is looking for Clara.

Práctica

Exprese en español.

1. The girl looks at herself in the mirror while she brushes her hair.
2. First I looked at the baby and then I looked at his diaper.
3. This color of lipstick doesn't look good on you.
4. Someone was looking for Juanita yesterday.
5. Those slippers look very comfortable.
6. You look tired today.

LOS MODISMOS DE HOY

ponerse (echarse) crema (colorete)	*to apply, put on cream (blush)*
ponerse a	*to begin to (do something)*

Ponte esta crema antes de acostarte.
Put this cream on before going to bed.

Al ver marcharse a su madre, el bebé **se puso** a llorar.
On seeing his mother leaving, the baby began to cry.

Práctica

A. Conteste las siguientes preguntas con oraciones completas.

1. ¿En qué parte de la cara se pone el colorete?
2. Si huelo bien ahora, ¿qué me he puesto posiblemente?
3. ¿Qué haces cuando tienes las manos muy secas?
4. ¿Qué se echan muchas mujeres en la cara por la noche?
5. ¿Te pones polvos todos los días?

B. Reemplace los verbos en cursiva con el mismo tiempo y persona de **ponerse a.**

1. Ella *empezó a* cepillar la falda.
2. *Comenzaré a* planchar apenas termine aquí.
3. Es tarde, Juan. *Empieza a* vestirte en seguida.
4. Todos *comenzamos a* escribir al mismo tiempo. (2 ways)

PRACTICA DE VOCABULARIO

A. Explique para qué sirve(n).

1. un imperdible
2. unas pinzas
3. una plancha
4. un peine
5. un balance
6. la nariz

B. Complete los espacios en blanco con la palabra apropiada.

1. Puse una ____ muy bonita en mi cama.
2. Muchas chicas hoy se adornan el pelo con ____.
3. Tengo muchos ____ en mi ropero para colgar mi ropa.
4. A veces ponemos los pies en un ____ cuando estamos sentados.
5. Una persona ____ quiere dormir constantemente.
6. Al levantarnos por la mañana andamos en ____ antes de ponernos los zapatos.
7. Voy a usar la plancha, este vestido está ____.
8. Guardo las sábanas y las fundas en el ____.
9. El bebé duerme en su ____.
10. Ella llevaba en la chaqueta un ____ de oro con sus iniciales.
11. Siempre pongo mis potes de crema y mis perfumes sobre la ____.
12. En muchos lugares es ilegal sacar a pasear un perro sin ponerle una ____.

TEMAS Y SUGERENCIAS

1. Comente sobre las ventajas y desventajas de tener un(a) compañero(a) de cuarto.
2. Se comentará el tema: "¿Es la plancha un objeto del pasado?"
3. Invente un cuentecito con el título: "El día que se me olvidó apagar la plancha."
4. Hable sobre el tema: "Algunos trucos (tricks) de maquillaje que conozco."
5. Cuéntele a la clase lo que hace su perro cuando quiere salir a pasear, y otras cosas inteligentes que hace.
6. Los estudiantes se dividirán en pares y presentarán comedias derivadas de la escena, en las que la esposa (o el esposo) insista en que el hombre dormilón (o mujer dormilona) se levante.

COMENTARIO CULTURAL

El verbo **soñar** se utiliza en este anuncio de colchones de una manera especial. Explique por qué. Describa las ilustraciones que contiene este anuncio, y la forma en que se demuestra aquí que estos colchones no pesan mucho, que mantienen su forma y que son frescos. ¿Cree Ud. que una aplanadora no podrá deformar un colchón? ¿Qué otra cosa podría usarse para probar este punto en vez de una aplanadora? Diga las ventajas que hay en un colchón que no pese mucho. Explique de qué manera se da idea de frescura en una de las ilustraciones. La ilustración de la mujer dormida, ¿es una buena técnica para convencer a la gente de que compre esta marca de colchones? ¿Por qué?

Si ha comprado Ud. un colchón alguna vez, explique en qué se basó para seleccionarlo. ¿Tiene Ud. un colchón cómodo? ¿Qué cualidades debe tener en su opinión un buen colchón?

Compare este anuncio con anuncios de colchones que haya visto en revistas o en la televisión. Si Ud. tuviera que preparar un anuncio de este tipo, ¿qué diría para convencer al público de las excelencias de su colchón?

---

ligero **light**
elaborado **manufactured**
el colchón **mattress**
la aplanadora **steam roller**
voltear **to turn over**

Selther es más de lo que usted ha soñado

LIGERO.- Los colchones Selther son los únicos elaborados con Microcel, por eso son tan ligeros que usted puede voltearlos periódicamente sin mayor dificultad.

INDEFORMABLE.- Los más durables e indeformables, ni una aplanadora es capaz de variar la forma y la consistencia de los colchones Selther.

FRESCO.- Hay varias formas de comprobar la frescura que ofrecen los colchones Selther, Ud. simplemente duerma en uno de ellos y se dará cuenta de que el aire sí pasa por Selther. Por estas y otras razones, decimos que... **Selther es más de lo que usted ha soñado.**

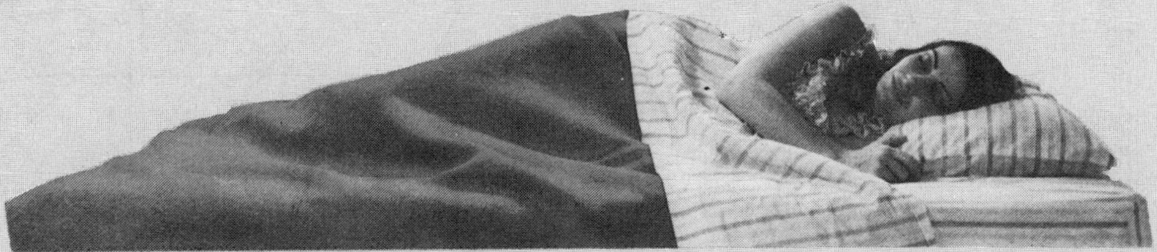

TALCO

ESCENA
8
EL BAÑO

VOCABULARIO

adhesive bandage **la curita**
bathrobe **la bata de baño**
bathtub **la bañera**[1]
bubble bath **el baño de burbujas**
cotton **el algodón**
edge **el borde**
fan, vent **el ventilador**
faucet **el grifo**
first aid **los primeros auxilios**
grooming **el aseo**
hamper **el cesto de la ropa sucia**
iodine **el yodo**
medicine cabinet **el botiquín**
mouthwash **el enjuague bucal**
outlet (electric) **el enchufe**
pantyhose **las pantimedias**
pills **las pastillas**[2]
poison **el veneno**
polka dots **los lunares**
powder (bath) **el talco**
powder-puff **la mota**
puddle **el charco**
pound **la libra**
rack (coat) **la percha**
razor (electric) **(la máquina)**
(straight) **(la navaja) de afeitar**
scale **la pesa**
short circuit **el cortocircuito**
shorts (underwear) **los calzoncillos**
shower **la ducha**
shower curtain **la cortina de la ducha**
sink (bathroom) **el lavabo**
skull and cross bones **la calavera con los huesos cruzados**
soap **el jabón**
soap dish **la jabonera**
stool **la banqueta**
tiles (ceramic) **los azulejos**
tiles (floor) **las losetas**
tissues **los pañuelos desechables**
toilet **el inodoro**[3]
toilet paper **el papel higiénico**
toothbrush **el cepillo de dientes**
toothpaste **la pasta de dientes**
towel **la toalla**
towel rack **el toallero**
undershirt **la camiseta**
unrolled **desenrollado, -a**

Palabras cognadas: la aspirina, el alcohol, el champú, el desodorante, el tanque

[1]la tina [2]las píldoras [3]el retrete

to dry **secar(se)**
to gain weight **engordar**
to leak **gotear**
to lose weight **adelgazar**
to shave **afeitar(se)**
to waste **malgastar**
to weigh oneself **pesarse**

Preguntas

1. ¿Qué objetos se ven sobre el lavabo?
2. Basándose en lo que hay sobre el lavabo, ¿qué piensa Ud. que hizo o que va a hacer el hombre?
3. ¿Cómo sabemos que la sustancia que tiene una de las botellas que hay en el botiquín es veneno?
4. Explique para qué se usa el ventilador que se ve en la pared.
5. ¿Por qué podemos suponer que esta casa tiene un solo baño?
6. ¿Por qué podemos suponer que este baño no tiene ventanas?
7. ¿Qué está haciendo la madre con la niña?
8. ¿Qué contendrá la botella que está en el suelo, cerca de la bañera?
9. ¿Qué indicación tenemos de que la niña jugó con agua cuando se bañaba?
10. Explique lo que hay en el borde de la bañera y por qué está allí.
11. ¿Qué hay en la parte superior del estante? ¿Y en la parte inferior?
12. ¿De quién será la bata que está colgada en la percha y por qué estará allí?
13. ¿Por qué se ve preocupado el hombre? Descríbalo.
14. ¿Qué hay sobre el tanque del inodoro?
15. Explique lo que pasa con el papel higiénico.
16. Explique cómo sabemos que la mujer usa a veces la banqueta.

Más Preguntas

1. Nombre varias razones por las que puede haber charcos en el piso de un baño.
2. ¿Qué hace Ud. con su ropa sucia cuando se baña?
3. ¿Se baña Ud. en ducha, o prefiere la bañera? ¿Por qué?
4. ¿Por qué es peligroso tener enchufes cerca del lavabo y la ducha?
5. ¿En qué parte del baño están generalmente los toalleros? ¿Por qué?
6. ¿Por qué hay azulejos en las paredes y losetas en los pisos de los baños?
7. ¿Cón cuánta frecuencia se pesa Ud.? ¿Quiere adelgazar, engordar, o está contento (a) con su peso actual?
8. ¿Por qué no es bueno tener un grifo que gotee?

FORMACION DE PALABRAS

En español se usan sufijos de diminutivo para indicar que algo es pequeño: jaboncito *(small bar of soap),* charquito *(small puddle),* dientecitos *(small teeth).* Estos sufijos también indican a veces afecto: niñita *(dear little girl),* madrecita *(dear mother).*

Aunque **-ito, -ita** son los sufijos de diminutivo más comunes, hay otros como **-ico, -ica, -ín, -ina, -illo, -illa, -eta,** etc. No todos los sufijos se pueden usar con todas las palabras, y su uso depende muchas veces del país o región.[4] La mejor manera de aprenderlos es la práctica.

Además del uso explicado arriba, los sufijos de diminutivo forman a veces palabras nuevas con significado diferente de la palabra original. Así, de la palabra **toalla** se forma la palabra **toallita** que, además de ser una toalla pequeña, es el equivalente en inglés de *washcloth.*

Práctica

A. Diga qué palabras del vocabulario se han formado añadiendo sufijos a las palabras siguientes.

1. camisa
2. calzón
3. banco
4. botica
5. cura

B. Quite los diminutivos de las oraciones siguientes, poniendo en su lugar los sustantivos originales.

1. Curó al chiquitín con un algodoncito y alcohol.
2. El gatico se mojó las patitas en el charquito que había frente a la casita.
3. La hijita de Carmina ha engordado unas librillas.
4. Le lavaré los piececitos a la pequeñina con la toallita y le echaré talco con la motica.
5. El baño tenía loseticas azules y un ventiladorcillo junto al techo.
6. La abuelita puso la ropita sucia de la niñita en un cestillo.

PALABRAS QUE SE CONFUNDEN

Tile

La palabra *tile* tiene varios equivalentes en español. Cuando se refiere a la clase de "tiles" que se usan en un techo, se dice **tejas.** Cuando los *tiles* son de cerámica, como los que se usan en las paredes de baños y cocinas, se llaman **azulejos.** Y los *tiles* que se utilizan en los pisos se llaman **losetas.**

[4] Por ejemplo, en México y Puerto Rico no se usa **-ico, -ica,** mientras que en muchos países (Cuba, Sto. Domingo, Colombia, Costa Rica, etc.) se usa en todas las palabras que tienen **t** en la sílaba anterior: gatico, galletica.

Práctica

Exprese en español.

1. I live in a house that has a tile roof.
2. The tiles on my bathroom wall are blue.
3. We need three more tiles to finish this floor.
4. There are two broken tiles on my kitchen wall.
5. Roof tiles are generally red.

LOS MODISMOS DE HOY

darse una ducha	*to take a shower*
lavarse la cabeza (la cara) (las manos)	*to wash one's hair (face) (hands)*
lavarse (cepillarse) los dientes	*to brush one's teeth*

Todas las mañanas **me doy una ducha, me lavo la cabeza** y **me cepillo los dientes.**
Every morning I take a shower, I wash my hair, and I brush my teeth.

Práctica

Diga en español.

1. Don't forget (familiar) to wash your hands and brush your teeth.
2. She washed her hair but she didn't wash her face.
3. I was brushing my teeth while my brother took a shower.
4. Next time you take a shower, wash your hair.

PRACTICA DE VOCABULARIO

A. Complete las oraciones con las palabras apropiadas.

1. En el botiquín encontrarás todo lo necesario para tu ____.
2. Cuando tengo una herida no me pongo en ella alcohol sino ____.
3. El médico me dijo que tomara tres ____ todos los días.
4. Me quité la ____, la colgué en la ____, y me metí en la bañera.
5. A mi padre no le gustan las máquinas de afeitar, él prefiere usar una ____.
6. Echaré ____ en la bañera y me daré un baño agradable y perfumado.
7. La mujer dejó sus pantimedias sobre la ____.
8. Muchas personas usan un ____ después de lavarse los dientes.
9. Es muy peligroso poner el ____ donde los niños puedan cogerlo.
10. Siempre me baño con ____ desodorante.

11. Compré cuatro rollos de _____ por un dólar en el supermercado ayer.
12. Si vas a usar algún aparato eléctrico, encontrarás un _____ cerca del lavabo.

B. Sustituya las palabras en cursiva, usando verbos equivalentes en el mismo tiempo.

1. Siguiendo esa dieta, es posible que *aumentes* diez libras.
2. Cuando la toalla *no tenga agua,* dámela.
3. La novia de José no quería que él *se quitara el bigote.*
4. Las autoridades recomiendan que *no usemos innecesariamente* el agua.
5. El grifo *dejaba salir el agua* constantemente.
6. Cuando quiero *perder peso,* me gusta *usar la pesa* todos los días.

CREACION

La Sra. Ana Landeira resuelve problemas de todo tipo. Lea la carta de "Desesperado" y escriba una respuesta, aconsejándole como ella lo haría.

Querida Ana Landeira:

Soy un chico de dieciocho años que está a punto de asesinar a su propia hermana. Si Ud. la conociera, comprendería por qué. Me hace la vida miserable en todos los aspectos, pero principalmente en lo que se refiere al baño.

Tenemos que compartir el mismo baño, y cuando tengo más prisa para llegar a mis clases por la mañana, allí está ella encerrada por dos o tres horas. Lo mismo sucede cuando quiero bañarme. Tiene además la mala costumbre de lavar y tender su ropa interior en el baño. Cuando deseo darme una ducha, es imposible cerrar la cortina, porque hay siempre un montón de ropa interior suya colgada de la barra.

Me he quejado muchas veces, pero ella no hace caso. Y yo tengo miedo de no poder contenerme uno de estos días y estrangularla. ¡Ayúdeme, por favor!

DESESPERADO

TEMAS Y SUGERENCIAS

1. Hable sobre los problemas de una familia de varias personas que tenga un solo baño, y las diferentes maneras de resolverlos.
2. Examine el botiquín de su casa y haga una lista de los objetos que contiene. Explique también su uso.
3. Se comentarán los peligros de dejar las medicinas y los venenos al alcance de los niños y algunos casos relacionados con esto.

4. Según las estadísticas, un gran número de accidentes caseros (home) suceden en el baño. Comente sobre algunos de ellos y las maneras de prevenirlos.
5. Prepare un discursito con el título: "La obsesión de adelgazar en nuestra sociedad."
6. Imagine que en su región no ha llovido en mucho tiempo y que es necesario economizar el agua. Prepare un anuncio explicando esto y recomendándole a la gente lo que debe y no debe hacer para no malgastar el agua.

COMENTARIO CULTURAL

Como Ud. sabe, la palabra **rico** significa *rich*, pero tiene además otros significados en el español de todos los días. La exclamación "**¡Qué rico!**", que se oye con mucha frecuencia, se usa para una comida con el significado de "This is delicious!" En otros casos, su equivalente más próximo es "This is great!" y se utiliza cuando a uno le gusta mucho algo. En este anuncio del Ecuador, el nombre del talco sugiere que la persona que lo use va a sentir una sensación muy agradable.

Fíjese que en la fotografía no se ven personas, sino solamente manos. ¿Qué puede Ud. decir de sus propietarios con sólo mirar estas manos? ¿Cómo sabemos que no se trata de convencer con esta propaganda a individuos, sino a familias enteras? Esto se hace también a veces en los Estados Unidos, sobre todo en el caso de productos para el baño, como jabones, desodorantes y pasta de dientes, pero en los países hispánicos se hace con mucha más frecuencia, por la gran importancia que en ellos tiene la unidad familiar.

¿Qué anuncios de este tipo recuerda Ud. haber visto en los Estados Unidos? ¿Los vio en revistas, o en la televisión? ¿Por qué cree que es (o no es) una buena idea dirigirse a toda la familia en esta clase de propaganda?

todos para uno...
y uno para todos
Mm... qué
Rico
refrescante y desodorante
talco
refrescante y desodorante
Rico
el único talco completo
DROCARAS

Harina

ESCENA 9

LA COCINA

VOCABULARIO

beater (hand) **el batidor (de mano)**
blender **la licuadora**
cabinet (kitchen) **el armario (de cocina)**
cake, pie **el pastel**
can, canister **la lata**
can opener **el abrelatas**
coffee pot **la cafetera**
cook **el (la) cocinero, -a**
counter **la meseta**
degree **el grado**
dishwasher **el lavaplatos**[1]
dishwashing liquid **el líquido de fregar**
double boiler **el baño de María**
dough **la masa**
drawer **la gaveta**
egg shell (white) (yolk) **la cáscara (clara) (yema) de huevo**
flour **la harina**
freezer **el congelador**
frozen **congelado, -a**
frying pan **la sartén**
glove, mitten **el guante**
handle **el asa, el mango**
ice cube (tray) **el cubito (la bandeja) de hielo**
lid **la tapa**
measuring cup (spoon) **la taza (la cuchara) de medir**
mix **la mezcla**
mixing bowl **el tazón**
oven **el horno**
paper towel **el papel toalla**
pitcher **la jarra**
pot **la olla**
pot holder **la agarradera**
recipe **la receta**
roast **el asado**
rolling pin **el rodillo**
salt shaker **el salero**
saucepan **el cazo**
set of dishes **la vajilla**
silverware **los cubiertos**
sink **el fregadero**
smoke **el humo**
sponge **la esponja**
stove **la cocina**
strainer **el colador**
sugar bowl **la azucarera**
toaster **la tostadora**

Palabras cognadas: la espátula, los ingredientes, el molde, el pedal, el refrigerador

[1] el lavavajillas

to bake **hornear**
to beat **batir**
to boil **hervir (ie)**
to burn **quemar(se)**
to defrost **descongelar**
to fry **freír**
to knead **amasar**
to lick (the spoon) **lamer (la cuchara)**
to measure **medir**
to melt **derretir(se) (i)**
to mix **mezclar**
to pour **echar**
to roast, broil **asar**
to stir **revolver (ue)**
to strain **colar (ue)**
to taste **probar (ue)** (something)
to taste (of) **saber (a)**
to toast **tostar (ue)**
to wash the dishes **fregar (ie)**

Preguntas

1. ¿Con qué se friegan los platos? ¿Dónde se friegan?
2. ¿Qué objetos se ven en la pared del fondo?
3. Explique por qué es apropiado que el guante y la agarradera estén donde están.
4. ¿Qué otros objetos hay cerca del fregadero?
5. ¿Cómo funciona el latón de basura que se ve en la escena?
6. ¿Qué ventajas tiene esta clase de latón? ¿Tiene desventajas?
7. ¿Qué cosa ha sucedido en el refrigerador? ¿Por qué habrá sucedido?
8. Describa el contenido del refrigerador.
9. Explique lo que hacen la mujer y la chica y los utensilios que usan.
10. ¿Cuáles son algunos de los ingredientes de la receta que preparan? ¿Cómo lo sabe?
11. ¿Por qué estará destapada (open) la lata que se ve en primer plano?
12. ¿Qué han usado o usarán estas cocineras para medir los ingredientes?
13. ¿Qué habrá posiblemente en la jarra?
14. ¿Por qué podemos suponer que esta familia come a veces en la meseta?
15. ¿Qué está haciendo el niño? ¿Lo ha hecho Ud.? Explique.
16. Explique cómo sabemos que algo se quema y cómo sabemos lo que es.

Más Preguntas

1. Además de platos, ¿qué otras cosas se lavan en un lavaplatos?
2. ¿Cómo y dónde se hacen los cubitos de hielo? ¿Se hacen igual en todos los refrigeradores? Explique.
3. Explique lo que es y para qué se usa un baño de María.
4. Dé ejemplos de diferentes circunstancias en que se usa una espátula.
5. ¿Qué diferencias hay entre los usos de un cazo, una sartén y una olla?

6. ¿Qué se guarda en los armarios y gavetas de la cocina de su casa?
7. Explique lo que se hace para descongelar un refrigerador. Si no se hace esto en su casa, explique por qué no se hace.
8. ¿Por qué es necesario tener por lo menos un enchufe en la cocina?

FORMACION DE PALABRAS

El nombre de muchos utensilios o lugares se forma con el nombre de lo que hacen o contienen y las terminaciones **-or, -ora; -ero, -era.** Explique el uso de los siguientes utensilios o lugares:

1. el batidor	5. el salero
2. el congelador	6. el fregadero
3. el colador	7. la azucarera
4. la tostadora	8. la cafetera

PALABRAS QUE SE CONFUNDEN

A. To Taste

To taste significa **saber** cuando el sujeto es la comida; significa **probar** cuando el sujeto es la persona.

> Este pastel **sabe** muy bien, **pruébalo.**
> *This pie tastes very good, taste it.*

B. Handle

Handle equivale a **asa** cuando tiene forma curva; equivale a **mango** cuando es largo.

> El **asa** de la taza y el **mango** del cuchillo están rotos.
> *The cup's handle and the knife's handle are broken.*

Práctica

Exprese en español.

1. This strainer has a short handle.
2. The cook didn't want to taste her own food.
3. Oriental people use cups with no handles.
4. Pots' handles and saucepans' handles are different.
5. Frozen pie doesn't taste like the pie my mother makes.
6. When the boy tasted the mix he said that it tasted bad.

LOS MODISMOS DE HOY

quemárse(le) (a uno)[2] el asado (el pastel)	*to burn the roast (the pie)*
saber a + noun	*to taste (of)*
saber a gloria	*to taste wonderful*
saber a rayos	*to taste very bad*

Práctica

A. Sustituya según se indica.
Gloria habló mucho rato por teléfono y se *le* quemó el asado.
1. Yo 2. tú 3. vosotras 4. las hermanas 5. nosotros

B. Haga seis oraciones originales con **saber a + noun** usando las palabras de la siguiente lista.

Modelo: El pastel que hizo mi madre ayer sabía a gloria.

1. gloria
2. rayos
3. chocolate
4. limón
5. cerveza
6. medicina

PRACTICA DE VOCABULARIO

A. Haga una oración en español con cada palabra.
1. yema
2. clara
3. licuadora
4. masa
5. grados
6. olla
7. receta
8. tapa

B. Complete cada oración con el infinitivo apropiado.
1. Para hacer merengue hay que ____ las claras mucho rato.
2. Debes ____ la mantequilla antes de echarla en la mezcla.
3. Es necesario ____ el pan para hacer tostadas.
4. Si quieres comer papas fritas, tendrás que ____ las papas.
5. Después de ____ la mezcla en el molde, métalo en el horno.
6. Necesito un colador para ____ la leche.
7. Hay que ____ la mezcla constantamente mientras se cocina, porque si no, se puede ____.
8. No sé cocinar, sólo sé ____ agua para hacer café instantáneo.

[2]Fíjese en que la comida es el sujeto del verbo *quemarse* y la persona es el complemento indirecto.

9. Cuando era niño y mi madre hacía dulce, siempre me dejaba ____ la cuchara.
10. En casa usamos ese detergente para ____ los platos.
11. ¿Cuándo vas a ____ el refrigerador? Tiene mucho hielo.
12. Hay que ____ ese pastel una hora a 350 grados.

TEMAS Y SUGERENCIAS

1. Compare la escena del dibujo con la escena que se ve a diario en la cocina de su casa.
2. Hable sobre el tema: "Por qué a algunas personas les gusta comer en la cocina y otras prefieren hacerlo en el comedor," usando ejemplos de su familia.
3. Los grandes chefs de cocina son generalmente hombres. ¿Quiere esto decir que los hombres tienen más aptitudes culinarias que las mujeres? Base sus opiniones en ejemplos de la vida real.
4. Cada estudiante hablará de su receta favorita.
5. Comente sobre platos exóticos que los estudiantes hayan probado y también sobre platos que nunca probarían, como hormigas con chocolate, platos a base de insectos, carne de mono, tiburón, cocodrilo, etc.
6. Comente sobre las ventajas y desventajas de los alimentos congelados.

COMENTARIO CULTURAL

El siguiente anuncio de baterías de cocina *(sets of pots and pans)* apareció en una revista mexicana. ¿Cómo es esta cocina? ¿Qué hacen las mujeres? ¿Cómo puede saberse qué producto se anuncia antes de leerlo? La señora que lo firma, Sylvia Derbez, es seguramente muy conocida. ¿Será escritora, profesora, actriz, política, diplomática, científica?

¿Anuncian frecuentemente productos comerciales las personas famosas en los Estados Unidos? Dé ejemplos. ¿Influye esto en Ud. para que compre un producto? ¿Influye en la mayoría de la gente? Si Ud. tuviera que redactar *(write up)* un anuncio para una compañía rival de baterías de cocina, ¿prepararía un anuncio similar, o muy diferente? ¿Cómo sería su anuncio?

Modelo ilustrado: "VERSALLES", en aluminio triple grueso con TEFLON II

En baterías de cocina:

VASCONIA... ¡CLARO!

VASCONIA

SIRVE Y GUSTA... LA MUJER LO ASEGURA!

En las baterías de cocina Vasconia ¡Sí que dan ganas de cocinar!: las hay en el maravilloso acero inoxidable; en el clásico aluminio natural; en el atractivo aluminio de color; en el primoroso aluminio decorado; en el modernista lujo europeo del acero porcelanizado.

Son las más completas, con teflón II y con el nuevo teflón Silverstone y se pueden adquirir pieza por pieza.

De venta en los principales almacenes y tiendas de autoservicio de toda la República.

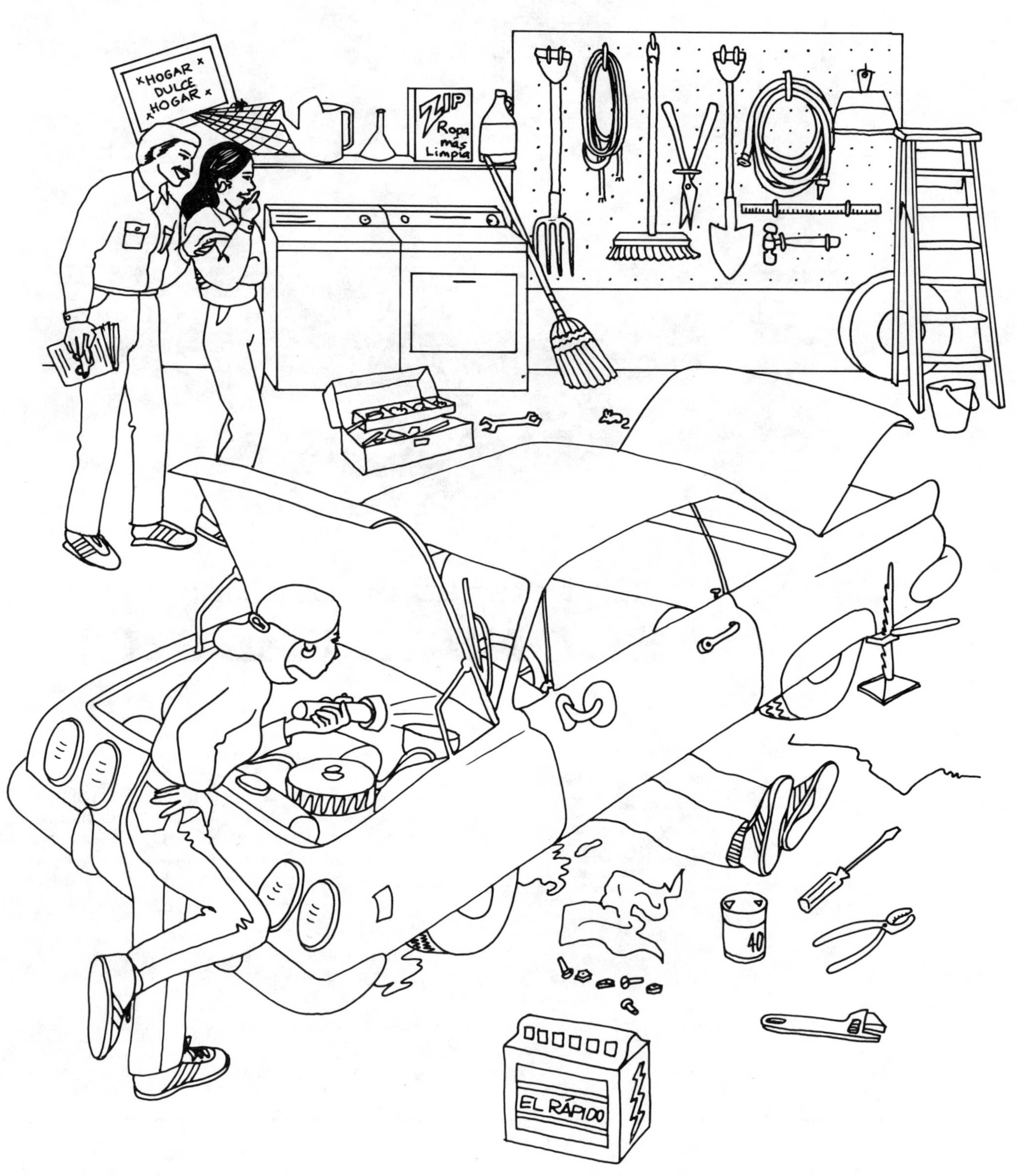
HOGAR
DULCE
HOGAR
ZIP
Ropa
más
Limpia
40
EL RÁPIDO

ESCENA
10

EL GARAJE

VOCABULARIO

battery (car) **el acumulador**
bleach **el blanqueador**
broom **la escoba**
brush (sweeping) **el cepillo de barrer**
bumper **la defensa**[1]
dryer **la secadora**
dustpan **el recogedor**
flashlight **la linterna**
funnel **el embudo**
grease **la grasa**
hammer **el martillo**
hanging **colgado, -a**
headlights **los faros**
hood **el capó**
hose **la manguera**
jack **el gato**
ladder (hand) **la escalera (de mano)**
license plate **la placa**[2]
mouse **el ratón**
nut (metal) **la tuerca**
oil **el aceite**
pail **el cubo**
peg board **la tabla con agujeros**
pitchfork **la horca**
pliers **el (los) alicate(s)**
rag **el trapo**
registration (car) **la (licencia de) circulación**
rope **la soga**
screw, bolt **el tornillo**
screwdriver **el destornillador**[3]
shears **las tijeras de podar**
shelf **la repisa**
spade, shovel **la pala**
spider **la araña**
spider web **la telaraña**
tire **la goma**[4]
tools **las herramientas**
tool box **la caja de herramientas**
trunk (car) **el maletero**[5]
washing machine **la lavadora**
watering can **la regadera**
windshield **el parabrisas**
windshield wiper(s) **el (los) limpiaparabrisas**
wire **el alambre**
wrench (monkey) **la llave (inglesa)**
yardstick **el metro**[6]

Palabras cognadas: el (la) chofer, el detergente, el mapa, el (la) mecánico, -a

[1]el parachoques [2]la tablilla (S.A.), la chapa (Cuba) [3]el desarmador (Méx.) [4]la llanta (S.A.) [5]el baúl [6]la vara de medir

to (dis)charge the battery **(des)cargar(se) el acumulador**
to light (an area) **alumbrar**
to loosen **aflojar**
to nail **clavar**
to pick up **recoger**
to start (a motor or car) **arrancar**
to sweep **barrer**
to tie **amarrar**
to tighten **apretar (ie)**
to water **regar (ie)**

Preguntas

1. ¿Cómo sabemos que hay una persona arreglando el coche?
2. ¿Cómo sabemos que alguien levantó o va a levantar el coche?
3. *¿Por qué se estarán riendo la chica y el chico?*
4. *¿Qué hace la otra muchacha? ¿Para qué?*
5. ¿Cuáles de los objetos que se ven en la escena se usan en la limpieza de la casa?
6. ¿Cuáles de las cosas que hay colgadas en la tabla que tiene agujeros se usan en el jardín?
7. ¿Por qué podemos suponer que este auto tiene problemas con su acumulador?
8. Además del acumulador, ¿qué otros objetos hay en el piso?
9. ¿Para qué usará el mecánico el trapo?
10. ¿Qué herramientas habrá dentro de la caja?
11. ¿Qué nos hace pensar que esta familia lava en el garaje?
12. ¿Cuáles de los objetos de la repisa no se usan para lavar? ¿Para qué se usan?
13. ¿Qué hace pensar que la regadera no se ha utilizado en mucho tiempo?
14. ¿Qué se ve a la derecha, junto a la pared?
15. Explique lo que pasaría si el ratón se metiera debajo del coche.
16. ¿Sobre qué será el libro que tiene el joven en la mano? ¿Por qué lo piensa Ud.?

Más Preguntas

1. ¿Por qué los mecánicos están siempre sucios después de su trabajo?
2. ¿Por qué las personas de mala memoria tienen a veces problemas con su acumulador? ¿Los ha tenido Ud.? Explique.
3. ¿Cómo funcionan y para qué sirven los limpiaparabrisas?
4. ¿Cómo son las placas del estado donde vive Ud.?
5. Explique por qué es buena idea llevar siempre una linterna en el coche.
6. ¿Qué otras cosas es también conveniente llevar en el coche?
7. Explique qué luces hay en un coche y para qué sirve cada una de ellas.
8. ¿Quién cambia el aceite de su auto? ¿Cuándo lo cambia?

FORMACION DE PALABRAS

El prefijo **des-** equivale frecuentemente a los prefijos *"dis-"* y *"un-"* en inglés.

desamarrar, desatar	*to untie*	descargar	*to discharge*
		descolgar	*to take down (something hanging)*
desaparecer	*to disappear*	desdoblar	*to unfold*
desarmar	*to disassemble*	deshacer	*to undo*
desarreglar	*to disarrange*	despegar	*to unglue, to disjoin*
desatornillar	*to unscrew*		

Práctica

Complete formando una palabra con el prefijo *des-*.

1. Cargué el acumulador porque estaba ____.
2. ____ es más fácil que hacer.
3. Tienes que ____ la caja que amarraste.
4. El pedazo de metal está pegado a la tuerca, no puedo ____.
5. El mecánico ____ el motor y lo volvió a armar.
6. Después que Asunción ____ el mapa no podía volver a doblarlo.
7. No te dije que atornillases esa pieza sino que la ____.
8. ____ Ud. las herramientas que están colgadas en la pared.
9. El ratón apareció de repente y en seguida volvió a ____.
10. Pasé mucho tiempo arreglando la caja de herramientas y tú la has ____.

PALABRAS QUE SE CONFUNDEN

Pero y Sino

But tiene varios equivalentes en español:

1. Cuando va precedida de una cláusula afirmativa, equivale a **pero.**

   Raúl guarda su auto en el garaje, **pero** yo dejo el mío en la calle.
   Raul keeps his car in the garage but I leave mine on the street.

2. Cuando *but* va precedida de una cláusula negativa, y además existe oposición entre los dos nombres, pronombres, adjetivos o adverbios que relaciona, *but* equivale a **sino.**

   El auto de Raúl no es verde **sino** azul.
   Raul's car is not green but blue.

   No usaré un destornillador **sino** una llave inglesa.
   I will not use a screwdriver but a monkey wrench.

3. Cuando *but* va precedida de una cláusula negativa, y además existe oposición entre los verbos de ambas cláusulas, se usa **sino que**.

   Yo no guardo mi auto en un garaje, **sino que** lo dejo en la calle.
   I do not keep my car in a garage but (rather) I leave it on the street.

4. *Not only . . . but also* se expresa en español con **no sólo (solamente)... sino (que) también (además)**.

   Raúl **no sólo** es un buen chofer, **sino además** un excelente mecánico.
   Raul is not only a good driver but also an excellent mechanic.

   No solamente revisaré el motor, **sino que** también cambiaré las gomas.
   Not only will I check the motor but I will also change the tires.

5. Cuando *but* va precedida de una cláusula afirmativa y significa *except,* su equivalente más común es la palabra **menos**.

   Aflojó todos los tornillos **menos** uno.
   He loosened all the screws but (except) one.

Práctica

Complete con el equivalente español de la palabra *but.*

1. No colgó la pala, ____ la dejó en el suelo.
2. Todos se reían del mecánico ____ yo.
3. No abrieron el capó ____ el maletero.
4. No solamente clavó la tabla, ____ también le puso un tornillo.
5. No amarraré la placa con una soga ____ con un alambre.
6. No sé mucho de mecánica ____ quiero aprender.
7. Todas las herramientas caben en la caja ____ el martillo.
8. Ella no vio el ratón, ____ su marido sí lo vio.
9. No trabajé en el auto ____ tengo una mancha de grasa en los pantalones.
10. Raúl tiene una linterna ____ yo también tengo una.

LOS MODISMOS DE HOY

costar(le) trabajo (a uno)[7] — *to be hard (for one)*
(no) importar(le) (a uno) — *(not) to matter (to one)*

A ella **le costará trabajo** cambiar el aceite.
It will be hard for her to change the oil.

A Salvador no **le importará** tener que esperar aquí.
Salvador won't mind having to wait here.

A Salvador no **le importará que** tengamos que esperar aquí.[8]
Salvador won't mind that we have to wait here.

[7]Estos modismos usan la construcción de *gustar.* [8]Estos modismos usan el subjuntivo cuando se combinan con un verbo que tiene sujeto.

Práctica

Adapte las oraciones siguientes a las personas que se indican.

1. *A Rodrigo le* costó mucho trabajo que su coche arrancara.
   (yo – tú – Ud. – nosotros – ellas)
2. No sabía que *me* costaría tanto trabajo arreglar la linterna.
   (tú – Silvio – nosotros – vosotras)
3. *A ella* no *le* importaba que hubiera un ratón en el garaje.
   (yo – mi hermano – Ud. mis amigos – nosotros)
4. ¿*Le* importa *a Ud.* que otra persona use *sus* herramientas?
   (el mecánico — vosotros — ellos — tú)

PRACTICA DE VOCABULARIO

A. Usando oraciones completas, indique qué utensilio u objeto se usa para hacer cada una de las siguientes acciones.

1. amarrar algo
2. alumbrar un lugar oscuro
3. podar los arbustos
4. recoger la basura
5. remover la tierra
6. apretar un tornillo
7. aflojar una tuerca
8. cortar un alambre
9. medir
10. clavar un clavo
11. regar las flores
12. barrer la casa

B. Forme una oración con cada grupo de palabras.

1. acumulador / descargarse / luces
2. araña / telaraña / regadera
3. aceite / cambiar / cubo
4. gato / levantar / goma
5. trapo / grasa / limpiar
6. maletero / caja de herramientas / sacar

CREACION

El joven que está debajo del coche se llama Toñín. Su novia, Ofelita, es la chica de la linterna, y la pareja de amigos son Luisito y Estela. Complete el siguiente diálogo con lo que diría Toñín:

Ofelita —¿Necesitas más luz, o es suficiente con la linterna?

Toñín —

Ofelita —Podemos usar una lámpara.

—¿Quieres que traiga la que está en mi escritorio?

Toñín —

Ofelita	—Sí, creo que mi padre tiene una extensión bastante larga.
Luisito (Le dice bajo a Estela)	—¿No crees que él necesita, además de la luz, un manual de mecánica?
Toñín (Que lo ha oído)	—
Luisito	—Lo dije en broma. Eso no te da derecho a llamarme tonto. Más tonto eres tú.
Estela (Ha visto el ratón, y dice riendo)	—Chicos, no peleen, que veo un problema mucho más serio que se acerca.
Toñín	—
Estela	—Pues sí, este "problema" que se acerca es más serio que el de tener el carro roto.
Toñín	—
Estela (Muerta de risa)	—¡Ya llegó! Mira hacia tu izquierda, Toñín.
Toñín	—

TEMAS Y SUGERENCIAS

1. En muchos estados es posible usar una palabra en las placas en vez de números. ¿Es buena idea poner en la placa el nombre del dueño? ¿Y una palabra cómica o romántica? Explique su opinión.
2. Cuéntele a la clase lo que pasó una vez que tuvo que arreglar o mandar arreglar su coche.
3. Prepare un discursito sobre el tema: "El tipo de auto que prefiero y por qué lo prefiero."
4. Si en su casa hay garaje, haga una comparación entre el garaje de su casa y el de la escena.
5. Prepare una narración, real o imaginaria, con el título: "Una vez que olvidé apagar los faros de mi carro."
6. Muchas personas llevan lemas (slogans) en su coche. Los estudiantes comentarán sobre algunos lemas interesantes o cómicos que hayan visto.

Connie McCollum

COMENTARIO CULTURAL

En esta gasolinera de México podemos apreciar dos detalles interesantes: la gasolina se vende por litros, y la marca es "Pemex", desconocida en nuestro país.

"Pemex", cuyo nombre se deriva de "Petróleo mexicano", es una enorme organización, controlada por el gobierno, que se ocupa de la producción y distribución del petróleo nacional. Los 4000 pozos *(wells)* que opera, han convertido a México en el cuarto productor mundial de este producto. Aproximadamente la mitad de la producción de "Pemex" se consume en el país.

La gasolina es mucho más barata en México que en los Estados Unidos, aunque su precio, que era de 41 centavos de dólar el galón en diciembre de 1981, subió a 88 centavos en 1982. El motivo de este aumento fue la intención, de parte del gobierno, de disminuir el consumo local de gasolina, que ha aumentado de manera exorbitante en los últimos años.

¿Cree Ud. que es buena idea aumentar el precio de la gasolina para disminuir el consumo? ¿Cree Ud. que en los Estados Unidos debería nacionalizarse el petróleo, o piensa que el control debe seguir en manos de compañías privadas? ¿Por qué piensa Ud. así?

Consuma Proteínas:
Son Indispensables
Para Una Buena Salud.
PESCADO
HUEVOS
Productos Lácteos
FIAMBRES
TOCINETA
CARNES
EMBUTIDOS
AVES
ALIMENTOS CONGELADOS
Cereales
Pasta
Refrescos
Jugos
Productos
Para La
Limpieza
Comida
Para
Bebes.
Azúcar
Especias
Sal
Sopas
Arroz
PAPAS
LECHUGA
85
TORONJAS
2 x 99
AGUACATES
$1.00
2x
55
PEPINOS
MAÍZ
A
GRANDES
REBAJAS
B
C
1
2

ESCENA 11

EL SUPERMERCADO

VOCABULARIO

avocado **el aguacate**
bacon **la tocineta**[1]
bag (plastic) **la bolsa (de plástico)**
butcher **el carnicero**
can; canned **la lata; enlatado, -a**
cash register **la caja (contadora)**
cashier **el (la) cajero, -a**
cinnamon **la canela**
cleaning (n.) **la limpieza**
cleanser **el limpiador (en polvo)**
coat (butcher's) **la bata**
corn flakes **las hojuelas de maíz**
cottage cheese **el requesón**
cucumber **el pepino**
customer **el, la cliente**
frozen **congelado, -a**
garlic (powder) **el ajo (en polvo)**
jar **el pomo**[2]
juice (orange) (pineapple) (grapefruit) **el jugo (de naranja) (de piña) (de toronja)**
meat cleaver **la hachuela**
milk products **los productos lácteos**
noodles (very thin) **los fideos**
oil (olive) **el aceite (de oliva)**
olives **las aceitunas**
onion (powder) **la cebolla (en polvo)**
paprika **el pimentón**
peas **los guisantes**[3]
pepper **la pimienta**
poultry **las aves**
raisins **las pasas**
reduction (in price) **la rebaja**
sausage **la salchicha**
sausage (Spanish style) **el chorizo**
sausage-type products **los embutidos**
scouring pad **el estropajo**
shelf (store) **el anaquel**
shopping cart **el carrito**
shrimp **los camarones**
soft drink **el refresco**
soup **la sopa**
spaghetti, noodles **los tallarines**
spices **las especias**
stain **la mancha**
vegetables **las hortalizas**[4]
wax **la cera**

Palabras cognadas: el bisté (beefsteak), el cupón, el detergente, los espárragos, los macarrones, el orégano, la sal, el tomate, el yogur

[1]el tocino [2]el frasco [3]los chícharos (Méx.) [4]las verduras

to be a consumer **consumir**	to pack **empacar**
to bump (into) **chocar (con)**	to pile up **apilar**
to collect **cobrar**	to ring on the register **marcar en la contadora**
to haggle **regatear**	

Preguntas

1. ¿Qué frutas y hortalizas se ven en la escena?
2. ¿Cuál de estas frutas y hortalizas es más cara? ¿Por qué será?
3. Explique lo que compra la mujer de las gafas oscuras y por qué lo supone Ud.
4. ¿Por qué el empleado de la sección de frutas y hortalizas lleva un lápiz detrás de la oreja?
5. Explique lo que contienen los rollos que están junto a las hortalizas y para qué los usan los compradores.
6. ¿Por qué es apropiado que el letrero que dice "Consuma proteínas" esté en el lugar donde está?
7. ¿Cuáles son algunos productos de limpieza que pueden encontrarse en la sección B?
8. ¿Qué están haciendo los dos empleados que se ven en la sección A?
9. ¿Qué accidente va a suceder probablemente en la sección B? ¿Por qué?
10. ¿Qué le pasará a la pila de cajas de la sección C? ¿Por qué?
11. ¿Quién ayuda a la compradora rubia que está en la sección C? ¿Cómo la ayuda?
12. Explique qué otro chico se ve en la escena.
13. ¿Cómo podemos suponer qué compradora ha comprado mayor cantidad de cosas?
14. Si Ud. estuviera en este supermercado, ¿a cuál contadora iría? ¿Por qué?
15. ¿Dónde encontraría yo cera para el piso? ¿Hojuelas de maíz? ¿Chorizos? ¿Tallarines?
16. Mencione algunas clases de sopa que seguramente venden aquí.

Más Preguntas

1. ¿Qué productos lácteos puede nombrar Ud.?
2. Dé ejemplos de alimentos que se compran frecuentemente congelados.
3. Dé ejemplos de alimentos que se compran enlatados, en un pomo, en una caja, y en polvo.
4. Nombre algunas cosas que hacen los carniceros.
5. ¿Por qué llevan siempre bata los carniceros?

6. Explique en qué consiste el trabajo de una cajera.
7. ¿Quiénes ayudan a veces a las cajeras y por qué?
8. ¿Utiliza a veces Ud. los cupones de descuento que salen en los periódicos? Explique cómo funciona este sistema.

FORMACION DE PALABRAS

El español y el inglés forman frecuentemente el nombre de la unidad y el nombre colectivo de manera diferente:

one loaf of bread; bread	un pan; pan
one carrot; a bunch of carrots	una zanahoria; un manojo de zanahorias
one ear of corn; corn	una mazorca de maíz; maíz
one clove of garlic; garlic	un diente de ajo; ajo
one grape; a bunch of grapes	una uva; un racimo de uvas
one head of lettuce; lettuce	una lechuga; lechuga

Práctica

Exprese en español.

1. You will need three cloves of garlic to prepare that recipe.
2. The carrots were fifty cents a *(el)* bunch yesterday.[5]
3. I need an ear of corn for the soup.
4. Bring me two heads of lettuce from the supermarket.
5. My mother put two grapefruits and a bunch of grapes in her cart.
6. He cut a loaf of bread in half (*por la mitad*) and made himself an enormous sandwich.

PALABRAS QUE SE CONFUNDEN

To Ask

1. *To ask* equivale a **preguntar** cuando se refiere a una pregunta directa o indirecta.

   La compradora **pregunta** —¿Cuánto cuesta una docena de huevos?
   The shopper asks, "How much does a dozen eggs cost?"

   La compradora **pregunta** cuánto cuesta una docena de huevos.
   The shopper asks how much does a dozen eggs cost.

2. *To ask for* equivale a **preguntar por** solamente cuando es sinónimo de *to ask about* o *to inquire about.*

   Siempre que veo a Susita **me pregunta** por tu salud.
   Every time I see Susie she inquires about your health.

[5]Para decir el precio de algo, el inglés usa el artículo indefinido delante de la cantidad, el español usa el artículo definido: **noventa centavos la docena, sesenta centavos la libra.**

3. *To ask (for)* equivale a **pedir** en español cuando el sujeto hace una petición o quiere algo. **Pedir** tiene un complemento directo, que es la cosa que el sujeto pide, y un complemento indirecto, que es la persona a quien se la pide.

   Tengo que **pedirte** un favor.
   I must ask a favor from you.

   Basilio le **pidió** dinero a su padre ayer.
   Basil asked his father for money yesterday.

   Cuando el sujeto le pide a otra persona que haga algo, hay un segundo verbo, y este segundo verbo está en el subjuntivo.

   Mi tía **me pidió** que **fuera** al supermercado.
   My aunt asked me to go to the supermarket.

4. Cuando *to ask* es sinónimo de *to invite* su equivalente más común en español es **invitar (a)**.

   Mi vecino fue **invitado a** la Casa Blanca hace poco.
   My neighbor was asked to the White House recently.

   Habríamos ido a la fiesta, pero no nos **invitaron.**
   We would have gone to the party but they didn't ask us.

Práctica

Complete usando el equivalente apropiado de *to ask.*

1. Le ____ al empleado cuánto cuesta la carne.
2. Mi madre me ____ si quería ir con ella.
3. Mi madre me ____ que fuera con ella.
4. Se me terminó el azúcar y vine a ____ una taza.
5. Si quiere ____ trabajo vaya a la oficina y ____ por el gerente.
6. Guillermito me ____ a comer en su casa.
7. El me ____ si me gustaba la comida española.
8. Siempre Juan le ____ a la cajera bolsas dobles.
9. La señora ____ si había pescado fresco.
10. No creo que Gerardo ____ rebaja.

LOS MODISMOS DE HOY

echarse a perder	*to spoil (especially foods)*
más vale que + sujeto + subjuntivo	*it is better that . . .*

El requesón **se echó a perder. Más vale que** lo tiremos.
The cottage cheese spoiled. It is better that we throw it out.

Práctica

Traduzca.

1. He was afraid the avocados would spoil.

2. The bananas will spoil. It is better that you eat them today.
3. Carlos is throwing away the meat that spoiled.
4. The refrigerator doesn't work and the milk is going to spoil.
5. It is better that I don't buy too many things. I didn't bring my shopping cart.

PRACTICA DE VOCABULARIO

A. Sustituya las palabras en cursiva por sinónimos.

1. No me gusta poner *condimentos* en la comida.
2. La caja estaba en la parte de arriba del *estante.*
3. El dependiente *puso en un paquete* lo que compré.
4. Antes mi madre *era consumidora* de los productos "El lobo".
5. Ella pasó más de media hora con el vendedor, *pidiéndole un descuento.*
6. Antonio trabaja en la sección de *verduras.*
7. El empleado *puso una encima de la otra* todas las latas.
8. Con tantas cosas en mi carrito, no veía bien y *le di a* otra compradora.

B. Diga a qué palabra pertenece cada definición.

1. Muchas personas la comen con huevos en el desayuno.
2. Fruta cítrica, más grande que la naranja.
3. Instrumento que usan los carniceros para cortar los huesos.
4. Envase (container) en que viene la mermelada.
5. Productos derivados de la leche.
6. Se usa para dar brillo a los pisos.
7. Muchas personas las comen con leche en el desayuno.
8. Clase de pasta que se usa mucho para sopas.
9. Persona que compra regularmente en un lugar.
10. Lo que se usa para fregar las ollas.

TEMAS Y SUGERENCIAS

1. Prepare una lista en español para el supermercado, basándose en las cosas que se han comprado o se comprarán esta semana en su casa.
2. En este supermercado se ven solamente productos comestibles y de limpieza, pero en los supermercados se venden muchas cosas más. Vaya al supermercado donde compra su familia y prepare una lista en español de los productos que no son comestibles ni de limpieza y que se venden allí.

3. Prepare una narración con el título: "Los accidentes que suceden a veces en los supermercados."
4. Dos estudiantes imaginarán que son turistas en un mercado típico de un pueblecito hispánico, y les comprarán diversos productos a otros estudiantes, que serán vendedores. ¡No olviden regatear mucho!
5. Dé ejemplos de productos que se comprarían en los países hispánicos usando pesos y medidas del sistema métrico. Dé también ejemplos de productos que se compran por unidad, por docena y en bandejas envueltas en celofán.

COMENTARIO CULTURAL

Puerto Rico es un país muy interesante, porque ha conservado las tradiciones y la lengua española, a pesar de la fuerte influencia norteamericana en la vida diaria. Por ejemplo, los puertorriqueños beben a veces café al estilo de los Estados Unidos, pero prefieren el café negro, que llaman "pocillo", preparado con un polvo de color más oscuro.

En general, puede decirse que en la comida hay una mezcla de culturas, pues la gente sigue prefiriendo los platos típicos, pero los productos que se venden en los supermercados son en su mayoría norteamericanos, y se usan libras y onzas para el peso.

En este anuncio de un supermercado puertorriqueño, hay varias marcas conocidas, y también palabras en inglés. ¿Cuáles de estos productos conoce Ud.? ¿Cuáles se consumen en su casa? ¿Cuáles son hortalizas? ¿Qué hortaliza es importada de otro país? ¿Cuáles de estos productos no son comida?

marcas **brands**
ganga **bargain**
batata **sweet potato**
calabaza **pumpkin**
rociador **spray**

• Sus cupones para alimentos le rinden más en Supermercados Amigo • No vendemos a mayoristas • Precios regulares sujetos a cambios por el Daco • Nos reservamos el derecho a limitar cantidades

¡LA GANGA DE LA SEMANA!

AHORRE 24¢ Bolsa 16 oz. Reg. $2.87
CAFE RICO 2.63

AHORRE 32¢ Armour 12 oz. Reg. $1.65
CORNED BEEF 1.33

AHORRE 9¢ Mediano. 3 lbs. Reg. $1.29
ARROZ EL MAGO 1.20

AHORRE 45¢ Musselman's 32 oz. Reg. $1.15
JUGO DE MANZANA 70¢

AHORRE 14¢ Amigo. 46 oz. Reg. $1.09
JUGO DE TORONJA 95¢

AHORRE 43¢ De Oliva. Lata 16 oz. Reg. $1.88
ACEITE SENSAT 1.45

OSCAR MAYER Cold Cuts

AHORRE 34¢ 8 oz. Reg. $1.49
COTTO SALAMI 1.15

AHORRE 24¢ 8 oz. Reg. $1.49
LUNCHEON MEAT 1.25

AHORRE 18¢ Pqte. 50. Reg. 47¢
SERVILLETAS MARCAL 29¢

AHORRE 29¢ Milky. 1 docena. Reg. $1.39
HUEVOS GRANDES 1.10

AHORRE 14¢ Dominicanos. Reg. 59¢
AGUACATES 45¢

AHORRE 74¢ EN LB. U.S. Cardinal. Reg. $1.69 lb.
UVAS ROJAS 95¢ LB.

AHORRE 54¢ 8 oz. Reg. $1.83
PICNIC LOAF 1.29

AHORRE 46¢ 12 oz. Reg. $2.45
VARIETY PACK 1.99

AHORRE 34¢ 8 oz. Reg. $2.33
HARD SALAMI 1.99

AHORRE 6¢ 33.8 oz. Reg. 71¢
LECHE EPPLET 65¢

AHORRE 30¢ Milky. 1 docena. Reg. $1.37
HUEVOS MEDIANOS 1.07

AHORRE 26¢ Georgian. Sanitario. Pqte. 8 rollos. Reg. $2.25
PAPEL CORONET 1.99

AHORRE $1.00 Desodorante. Rociador. 10 oz. Reg. $3.77
RIGHT GUARD 2.77

AHORRE 50¢ EN C.U. Reg. o Extra Body. 15 oz.
SHAMPOO SILKIENCE Reg. $2.99 c.u. 2.49 C.U.

AHORRE 10¢ EN LB. Reg. 35¢ lb.
BATATA BLANCA 25¢ LB.

AHORRE 18¢ EN LB. Reg. 47¢ lb.
CALABAZA DEL PAIS 29¢ LB.

Con la compra de 12 unidades de **Baby Food Beech-Nut** recibirá un paquete de **Jugos Beech-Nut** de 6 de 4.2 oz. c.u. cuyo valor regular es $1.61 **GRATIS**

RESERVADO

ESCENA 12

EL RESTAURANTE

VOCABULARIO

any + noun (at all) **cualquier + nombre**
baby's bib **el babero**
bill, check **la cuenta**
bottle of red (white) wine **la botella de vino tinto (blanco)**
bow tie **la corbata de lazo**
bowl **el pozuelo**
bread basket **la cesta del pan**
butter knife **el cuchillito de la mantequilla**
cake **la torta**[1]
claim check **el talón**
coat room **el guardarropa**
container **el recipiente**
counter **el mostrador**
chinaware, dishes **la loza**
dessert cart **el carrito de los postres**
fork (meat) (fish) **el tenedor (de carne) (de pescado)**
goblet (water) (wine) **la copa (para agua) (para vino)**
headdress (waitress) **la cofia**
high chair (for babies) **la sillita alta**
hors d'oeuvres **los entremeses**
knife **el cuchillo**
lap **el regazo**
menu **la lista**[2]
mints **las mentas**
mug **el jarrito**
napkin **la servilleta**
oil cruet **la aceitera**
omelet **la tortilla**[3]
pepper shaker **el pimentero**
pie **el pastel**
pitcher **la jarra**
plate, dish **el plato**
rice pudding **el arroz con leche**
roast **el asado**
salt shaker **el salero**
serving platter **la fuente**
serving spoon **la cuchara de servir**
soup plate **el plato hondo**
tablecloth **el mantel**
teaspoon **la cucharita**
tray **la bandeja**
vinegar cruet **la vinagrera**
waiter, waitress **el (la) camarero, -a**[4]

Palabras cognadas: a la carta, el bisté, el (la) glotón,-a, el menú (los platos que componen una comida)

[1]el pastel, el queque [2]la carta [3]tortilla significa también "corn pancake" [4]el mozo, el (la) mesero,-a (Méx.)

to check one's coat (hat) **dar a guardar el abrigo (el sombrero)**
to invite (to) **convidar (a)**
to order (in a restaurant) **pedir (i)**
to shatter, break into little pieces **hacerse añicos**
to tip **dar propina**
to toast **brindar**
to turn over **volcar (ue)**

Preguntas

1. Explique qué personas están comiendo en la mesa que está en primer plano.
2. ¿Qué objetos se ven en esta mesa?
3. ¿Qué tiene el bebé en la mano? ¿Y en el cuello?
4. ¿Qué beberán probablemente los niños de esta mesa? ¿Y los mayores?
5. ¿Por qué cualquier persona no podrá sentarse en la mesa que está desocupada?
6. Describa lo que se ve sobre esta mesa.
7. Explique lo que lleva el camarero en el carrito y para qué lo lleva.
8. Explique lo que están haciendo las dos camareras.
9. Explique lo que lleva el empleado que está a la izquierda y adónde lo lleva.
10. ¿Qué personas llegaron más recientemente? ¿Cómo lo sabe Ud.?
11. ¿Cómo sabemos que el señor de la barba y su esposa ya terminaron de comer?
12. ¿Qué le pasó al niño que está al fondo, a la derecha?
13. ¿Por qué levantan su copa el hombre y la mujer que están en la última mesa?
14. ¿Qué hace el señor que está en la caja y qué hace la cajera?
15. Explique lo que quiere la niñita y su resultado.
16. ¿Qué hacen el hombre y la mujer que están a la izquierda, detrás de la caja?

Más Preguntas

1. Nombre algunas fiestas familiares que se celebran comiendo en un restaurante.
2. ¿Convida Ud. a veces a sus amigos a comer en un restaurante? Explique.
3. ¿Dónde se ponen la servilleta los mayores? ¿Y los niños? ¿Por qué?
4. ¿Por qué es fácil saber quiénes son los camareros y camareras en un restaurante, aunque no estén trabajando?
5. ¿Por qué tienen algunos restaurantes sillas especiales?
6. Explique con detalles lo que se hace con los abrigos en los lugares públicos.
7. ¿Cuál es la diferencia entre el arroz con pollo y el arroz con leche?
8. ¿En qué recipientes puede servirse la sopa? ¿En cuál se sirve la ensalada?

FORMACION DE PALABRAS

El español indica frecuentemente el modo o manera de una acción con **al** y **a la**. Algunas expresiones relacionadas con la comida se forman así, por ejemplo:

a la carta	*a la carte*
a la española (francesa)	*Spanish (French) style*
al horno	*roasted, baked*
a la sartén	*pan fried*
a la parrilla	*grilled*
bacalao a la vizcaína	*cod fish Biscaya style*
garbanzos a la madrileña	*chick peas Madrid style*
huevos al nido	*eggs baked with mashed potatoes and cheese*

Exprese en español.

I will order my dinner *a la carte.* Bring me French fries, an omelet Spanish style, grilled steak, and a baked apple.

PALABRAS QUE SE CONFUNDEN

Ser y Estar

A. Usos de ser

1. Identifica el sujeto, dice quién es o qué es.

   El hombre de la corbata negra **era** el camarero.
   The man with the black tie was the waiter.

   El ceviche **es** un plato de pescado típico del Perú.
   Ceviche is a fish dish typical of Peru.

2. Indica origen, posesión, material o destino.

   El chef de "La Carreta" **es** de la Argentina.
   The chef of "La Carreta" is from Argentina.

   El único abrigo gris que había en el guardarropa **era** el mío.
   The only gray coat in the coat room was mine.

   Este mantel **es** todo de encaje y **es** para la novia.
   This tablecloth is all (made of) lace and it is for the bride.

3. Expresa divisiones del tiempo: hora, mes, año, estación, etc.

   Eran las seis de la tarde, pero ya **era** de noche porque **era** invierno.
   It was six P.M. *but it was already dark because it was winter time.*

4. Se usa en casi todas las expresiones impersonales.

   Es probable que el niño rompa la copa; no se la des.
   It is likely that the child will break the goblet; don't give it to him.

5. Expresa la idea de *to take place.*

   El banquete **será** en un restaurante mexicano.
   The banquet will be at a Mexican restaurant.

6. Es uno de los elementos de la voz pasiva.

   El postre **fue** preparado especialmente por el chef.
   The dessert was specially prepared by the chef.

7. Se combina con adjetivos para indicar características inherentes.

   La camarera no sólo **era** bonita, sino que también **era** simpática.
   The waitress was not only pretty but nice as well.

B. Usos de estar

1. Expresa el lugar donde se encuentra algo o alguien.

   La pimienta **estaba** en el salero en vez de **estar** en el pimentero.
   The pepper was in the salt shaker instead of being in the pepper shaker.

2. Forma tiempos progresivos combinado con el gerundio (**-ando, -iendo**)

   El señor y su esposa **estaban** examinado el menú.
   The gentleman and his wife were examining the menu.

3. Se combina con adjetivos y participios pasados para indicar estado, condición, aspecto, o una evaluación subjetiva de la persona que habla.

   Cuando llegamos, el lugar **estaba** vacío.
   When we arrived the place was empty.

   —¿Cómo **estaba** la comida?
   —Todo **estaba** delicioso, pero la sopa **estaba** fría.
   "How was the food?"
   "Everything was delicious but the soup was cold."

4. Se combina con participios pasados para indicar el resultado de una acción previa.

   El impuesto **está** incluido en los precios que aparecen en la lista.
   Tax is included in the prices that appear on the menu.

   Ese lugar se cierra muy temprano. Llegué a las diez y ya **estaba** cerrado.
   That place closes very early. I arrived at ten o'clock and it was already closed.

Práctica

A. Diga con oraciones completas, y basándose en la escena.

1. Quién es el hombre que empuja el carrito de los postres.
2. Si el restaurante está vacío o lleno.
3. Si la familia de la primera mesa está terminando de comer o está empezando a comer.
4. Dónde está sentado el niño de la primera mesa.
5. Si el padre está sirviendo la comida o si es la madre la que sirve.

6. Para quién es el vaso de leche que hay sobre la mesa.
7. Si el bebé está al lado del padre o al lado de la abuela.
8. Si esta escena será en un día de semana o en un domingo.
9. De quién es el babero.
10. Si los manteles son de encaje (lace).
11. En qué condiciones está el plato que se cayó al suelo.
12. Qué está haciendo la pareja que está sentada en la mesa del centro.
13. Qué está haciendo el hombre que está con la mujer junto al guardarropa.
14. En qué condiciones está la mesa del primer plano a la derecha.
15. Cómo es la cajera.

B. Indique el resultado presente de estas acciones del pasado.

Modelo: Pagué la cuenta hace un rato. **Ahora está pagada.**

1. El chico rompió una copa. Ahora...
2. Antes lavaron los platos. Ahora...
3. La chica del guardarropa colgó el abrigo. Ahora...
4. Ya pedimos vino blanco. Ahora...
5. Me convidaron ayer a comer el domingo con ellos. Ahora...
6. Sirvieron los entremeses apenas llegamos. Ahora...

LOS MODISMOS DE HOY

en un dos por tres — *in a jiffy*
poner el grito en el cielo — *to hit the ceiling*

Tuve mucha suerte, porque me sirvieron **en un dos por tres.**
I was very lucky for they served me in a jiffy.

Cuando veas la cuenta vas a **poner el grito en el cielo.**
When you see the check you are going to hit the ceiling.

Indique en oraciones completas tres cosas que alguien hizo en un dos por tres, y tres situaciones en las que alguien puso el grito en el cielo.

PRACTICA DE VOCABULARIO

Dé la palabra correspondiente a cada definición.

1. Se les pone a los niños pequeños para que no se ensucien cuando comen.
2. Acción de romperse algo en muchos pedazos.
3. Es el recipiente donde se pone el aceite.
4. Grupo de tazas, vasos, platos, etc.
5. Recipiente que usan los niños para beber.

6. Lo que llevan las camareras en la cabeza.
7. Clase de vino de color rojo oscuro.
8. Lugar donde se dejan los abrigos al entrar a un restaurante.
9. Plato grande donde se sirve la comida.
10. Comida cuyo ingrediente principal son los huevos.
11. Sinónimo de invitar.
12. Decirle al camarero lo que uno quiere comer.

CREACION

La Sra. Ana Landeira ha recibido la siguiente carta. Contéstela como ella lo haría.

Querida Ana Landeira:

Tengo dieciocho años y hace varios meses que soy novia de un joven muy guapo de veinte años. El parece quererme y es bueno, pero... ¡es tan tacaño! *(stingy)*. Muy pocas veces me lleva a restaurantes elegantes y sus invitaciones se limitan a hamburguesas con papas fritas, pero el día de mi cumpleaños me convidó a un restaurante caro.

Sra. Landeira, lo primero que hizo cuando le dieron la lista fue mirar los precios y comentar que todo costaba mucho. Yo entonces, avergonzada, pedí el plato más barato que había, tomé sólo agua y no comí postre, con la excusa de que tenía muchas calorías. Cuando el camarero trajo la cuenta, mi novio puso el grito en el cielo, la sumó dos o tres veces, y terminó dejándole al camarero menos de un dólar de propina, aunque el servicio había sido excelente.

Yo hubiera querido dejar una propina adicional, pero tuve miedo de que mi novio se enojara. ¿Qué habría hecho Ud.? ¿Cree que debo casarme con este señor y resignarme a pasar el resto de mi vida en situaciones ridículas? Yo lo amo mucho.

NOVIA DE UN TACAÑO

TEMAS Y SUGERENCIAS

1. El profesor dará a la clase los nombres de platos típicos hispánicos y explicará en qué consisten. Los estudiantes prepararán, basándose en ellos, un menú completamente hispano para la cena de cada día de la semana.
2. Se representarán escenas en clase, en las que algunos estudiantes serán clientes de un restaurante, y otros harán el papel de camareros o camareras.
3. Escriba una composición con el título: "Lo que me pasó aquel día en el restaurante."
4. Explique lo que Ud. considera un servicio satisfactorio en un restaurante y lo que debe hacer un camarero o camarera para merecer una buena propina.

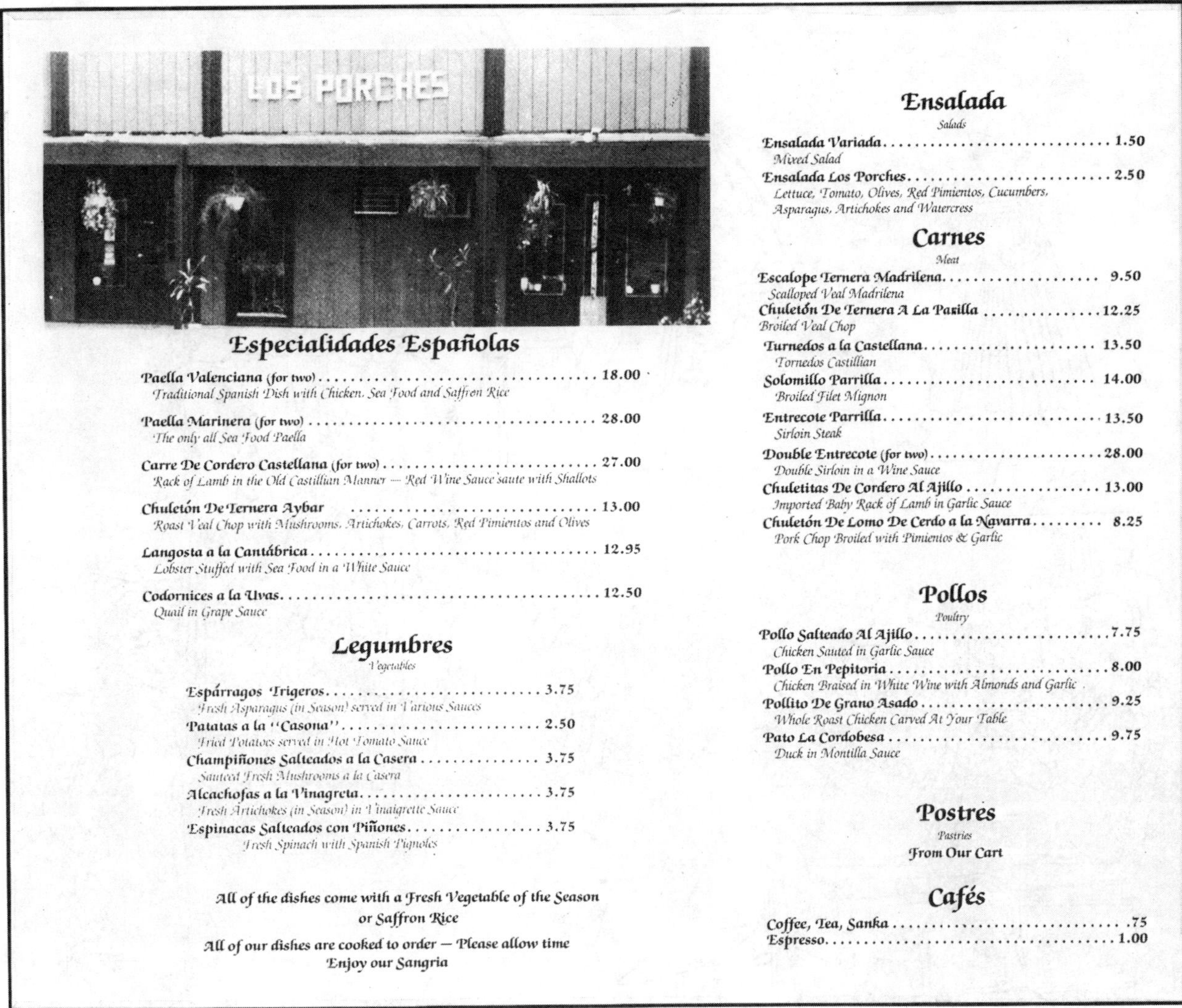

LOS PORCHES

Especialidades Españolas

Paella Valenciana (for two) 18.00
Traditional Spanish Dish with Chicken, Sea Food and Saffron Rice

Paella Marinera (for two) 28.00
The only all Sea Food Paella

Carre De Cordero Castellana (for two) 27.00
Rack of Lamb in the Old Castillian Manner — Red Wine Sauce saute with Shallots

Chuletón De Ternera Aybar 13.00
Roast Veal Chop with Mushrooms, Artichokes, Carrots, Red Pimientos and Olives

Langosta a la Cantábrica 12.95
Lobster Stuffed with Sea Food in a White Sauce

Codornices a la Uvas 12.50
Quail in Grape Sauce

Legumbres

Vegetables

Espárragos Trigeros 3.75
Fresh Asparagus (in Season) served in Various Sauces

Patatas a la "Casona" 2.50
Fried Potatoes served in Hot Tomato Sauce

Champiñones Salteados a la Casera 3.75
Sauteed Fresh Mushrooms a la Casera

Alcachofas a la Vinagreta 3.75
Fresh Artichokes (in Season) in Vinaigrette Sauce

Espinacas Salteados con Piñones 3.75
Fresh Spinach with Spanish Pignoles

All of the dishes come with a Fresh Vegetable of the Season or Saffron Rice

All of our dishes are cooked to order — Please allow time

Enjoy our Sangria

Ensalada

Salads

Ensalada Variada 1.50
Mixed Salad

Ensalada Los Porches 2.50
Lettuce, Tomato, Olives, Red Pimientos, Cucumbers, Asparagus, Artichokes and Watercress

Carnes

Meat

Escalope Ternera Madrilena 9.50
Scalloped Veal Madrilena

Chuletón De Ternera A La Parilla 12.25
Broiled Veal Chop

Turnedos a la Castellana 13.50
Tornedos Castillian

Solomillo Parrilla 14.00
Broiled Filet Mignon

Entrecote Parrilla 13.50
Sirloin Steak

Double Entrecote (for two) 28.00
Double Sirloin in a Wine Sauce

Chuletitas De Cordero Al Ajillo 13.00
Imported Baby Rack of Lamb in Garlic Sauce

Chuletón De Lomo De Cerdo a la Navarra 8.25
Pork Chop Broiled with Pimientos & Garlic

Pollos

Poultry

Pollo Salteado Al Ajillo 7.75
Chicken Sauted in Garlic Sauce

Pollo En Pepitoria 8.00
Chicken Braised in White Wine with Almonds and Garlic

Pollito De Grano Asado 9.25
Whole Roast Chicken Carved At Your Table

Pato La Cordobesa 9.75
Duck in Montilla Sauce

Postres

Pastries

From Our Cart

Cafés

Coffee, Tea, Sanka .... .75
Espresso 1.00

COMENTARIO CULTURAL

En las ciudades de los Estados Unidos donde viven muchos hispanos, es frecuente encontrar restaurantes españoles e hispanoamericanos. El restaurante *Los Porches* en Long Island, Nueva York, se especializa en comida española, como puede ver Ud. en esta lista.

¿Por qué cree Ud. que los nombres de los platos tendrán además explicaciones en inglés? ¿Conoce Ud. a alguien que no habla español, pero a quien le gusta la comida hispana? ¿Puede hablarnos de esta persona? ¿Cuáles de los platos que aparecen en esta lista ha probado Ud.? ¿Cuáles le gustaría probar? ¿Por qué?

ESCENA 13

LA MODA

VOCABULARIO

ankle **el tobillo**
announcer **el anunciador**
audience **el público**
beret **la boina**
blouse, bodice **la blusa**
bouquet **el ramo**
bow **el lazo**
bridal gown **el traje de novia**
calf length **a media pierna**
choker **la gargantilla**
clutch bag **el sobre**
coat **el abrigo**
collar **el cuello**
cotton **el algodón**
couturier, dressmaker **el (la) modisto,-a**
designer **el (la) diseñador,-ra**
evening gown **el traje de noche**
fabric **la tela**
fashion magazine **el figurín**
fashion show **la exhibición de modas**
fitted **entallado,-a**
flowered **de flores**
fur; leather **la piel**
garment **la prenda**
heel (high) **el tacón (alto)**
(low) **(bajo)**
label **la etiqueta**
lace **el encaje**
loose **ancho,-a**
neckline (high) **el escote (alto)**
(low) **(bajo)**
pant suit **el traje de pantalones**
parade **el desfile**
patent leather **el charol**
pattern **el patrón**
plaid; checked **de cuadros**
pleated **plisado,-a**
polka-dot (adj.) **de lunares**
scarf **la bufanda**
shoulder bag **el bolso de colgar al hombro**[1]
silk **la seda**
skirt **la falda**
sleeve **la manga**
solid-colored **de color entero**
spotlight **el reflector**
stage **el escenario**
striped **de rayas**[2]
suede **la gamuza**
veil **el velo**
velvet **el terciopelo**
velveteen; corduroy **la pana**
vest **el chaleco**
wool **la lana**

Palabras cognadas: los accesorios, aplaudir, la cámara de televisión, la capa, la colección, el (la) crítico,-a; el (la) modelo, la plataforma, las sandallas, el turbante

[1]la bolsa (Méx.), la cartera (Caribe y S.A.) [2]de listas

to design **diseñar**
to parade **desfilar**
to review (as a critic) **reseñar**
to try on **probarse (ue)**
to wear (something beautiful or becoming) **lucir (zc)**

Preguntas

1. Explique lo que hacen las modelos en esta escena y para qué lo hacen.
2. ¿Cuáles de estas prendas no serían apropiadas para asistir a clase?
3. ¿Cuál de estas prendas no debe usarse antes de las cinco de la tarde?
4. ¿Qué llevan en la cabeza cuatro de las modelos?
5. ¿Quiénes llevan bolso? ¿Qué clase de bolso?
6. Describa el traje de noche que luce la modelo.
7. ¿Qué prendas no son de color entero? ¿Cómo son?
8. Una de estas prendas es seguramente de lana. ¿Cómo lo sabemos?
9. ¿Qué otra(s) prenda(s) será(n) de lana? ¿De algodón? ¿De otra tela?
10. Describa el traje de la novia.
11. ¿Cuál es la diferencia entre los pantalones?
12. Diga cuáles de estos trajes cubren los tobillos, y cuál llega a media pierna.
13. ¿Qué hace el hombre que está en el escenario? ¿Por qué lo hace?
14. ¿A qué persona del público parecen haberle gustado más estas modas?
15. ¿Por qué son necesarios los reflectores que se ven en la escena?
16. ¿Para qué estación del año será esta colección? ¿En qué basa Ud. su opinión?

Más Preguntas

1. Además de su ropa de algodón, ¿qué ropa de otras telas tiene Ud.?
2. ¿Qué diferencias hay entre una chaqueta y un chaleco?
3. Explique de cuántas maneras podemos enterarnos de lo que está de moda.
4. ¿Compra Ud. a veces cosas que están de moda aunque no le gusten mucho? Explique.
5. ¿Ha visto Ud. una exhibición de modas en persona? ¿Por televisión? ¿En un figurín? Explique.
6. ¿Por qué en las exhibiciones las modelos llevan en la mano una tarjeta con un número?
7. Explique en qué consiste el trabajo de un modisto, y por qué es importante.
8. ¿Qué etiqueta mira Ud. primero cuando va a comprar ropa: la que tiene la marca o el nombre del modisto, o la del precio? ¿Por qué?

FORMACION DE PALABRAS

Igual que en inglés, muchos colores toman su nombre en español de una fruta, flor u objeto que es de ese color: café *(brown),* lila, ladrillo *(rust, brick),* melocotón, naranja, rosa, uva, vino. A veces se usa **de color** o **color** como parte del nombre: Ella llevaba un abrigo (de color) (color) café.

El azul vitral *(royal blue)* se llama así, porque es el tono de azul que se ve en los vitrales *(stained-glass windows)* de las iglesias.

Otros colores comunes son: azul celeste *(sky blue),* azul marino, blanco hueso *(bone),* gris humo, gris perla, verde esmeralda, verde olivo.

Práctica

Forme oraciones originales, combinando el nombre de cada objeto con uno de los colores mencionados arriba.

1. zapatos
2. falda
3. coche
4. chaleco
5. traje de noche
6. sobrecama
7. boina
8. bufanda

PALABRAS QUE SE CONFUNDEN

A. Audience

1. Cuando la palabra *audience* se refiere a las personas que asisten a un espectáculo, su equivalente es **el público.**

   El público del desfile era mayormente femenino.
   The audience of the show was made up mostly of women.

2. **Audiencia** se usa como equivalente de *hearing* y también en el caso de una entrevista formal con una persona importante.

   Quisiera conseguir una **audiencia** con el presidente.
   I would like to get an audience with the president.

B. Back

1. El equivalente más general de *back* para indicar lugar es **(la parte) de atrás.**

   Siempre entro en mi casa por la puerta **de atrás.**
   I always go into my house through the back door.

   Los verbos están en **la parte de atrás** del libro.
   Verbs are in the back of the book.

2. Como parte del cuerpo humano, y también con referencia a la parte de atrás de la ropa, *back* es **la espalda.** En el caso de animales, *back* es **el lomo.**

   Me compré un vestido abierto en **la espalda.**
   I bought myself a dress that is open in the back.

   A mi gato le gusta que yo le acaricie **el lomo.**
   My cat likes my stroking his back.

3. Otros equivalentes de *back* deben aprenderse observando su uso. Algunos casos comunes son:

the back of a chair or sofa	el respaldo de una silla o sofá
the back of a room	el fondo de un cuarto
the back of the hand	el dorso de la mano

   En un rincón, **al fondo** de la sala, había un sillón de **respaldo** verde.
   In a corner in the back of the living room there was an armchair with a green back.

Práctica

Exprese en español.

1. The dress that the audience applauded the most was the one with a **(el del)** bow in the back.
2. I will wait for you near the back entrance.
3. There were two chairs with a **(de)** high back in the back of the stage.
4. I can't go to the hearing because I hurt **(me lastimé)** the back of my right hand.
5. The dog was lying **(acostado)** with his back against the back of the sofa.

LOS MODISMOS DE HOY

estar de moda	*to be in style*
estar pasado, -a, -os, -as de moda	*to be out of style*
no caber duda de que	*to be no doubt that*

No cabía duda de que el vestido que llevaba la señora **estaba pasado de moda.**
There was no doubt that the dress the lady was wearing was out of style.

Práctica

Conteste las preguntas con oraciones originales y repita cada respuesta usando **no cabe duda de que** como se hace en el modelo.

Modelo: ¿Qué está de moda este verano?
Las sandalias están de moda este verano.
No cabe duda de que las sandalias están de moda este verano.

1. ¿Qué estaba de moda el año pasado?
2. ¿Cuál de tus prendas está pasada de moda?
3. ¿Qué pasa de moda más rápidamente: la ropa de líneas conservadoras o la ropa de líneas audaces *(daring)*?
4. En tu opinión, ¿qué característica de la ropa que está de moda hoy es más atractiva?
5. Aparte de la ropa, ¿cuáles de las cosas que están de moda ahora consideras atractivas?
6. ¿Crees que la minifalda volverá a estar de moda pronto?

PRACTICA DE VOCABULARIO

Complete con la palabra apropiada. A veces hay más de una posibilidad.

1. En la exhibición había un elegante abrigo con el ____ de ____.
2. El Sr. Portuondo fue el crítico que ____ el desfile de modas en el periódico.
3. El ____ describía desde el escenario a las modelos que ____.
4. La bella Gigi llevaba unos zapatos de ____ de tacón ____ y un vestido largo con la falda hasta el ____.
5. Gucci, el famoso ____ europeo, no presentó ningún vestido esta vez.
6. El verde ____ y el gris ____ son los colores favoritos este invierno.
7. Las telas preferidas por los ____ franceses son el ____ y la ____.
8. La influencia oriental se veía en la modelo que llevaba un ____ en la cabeza.
9. No había blusas de rayas en la colección, sino de ____ y de ____.
10. La novia llevaba un ____ de orquídeas blancas y un vestido con la blusa de ____.
11. Antes de ir de compras, siempre miro los ____ para saber lo que se usa.
12. Si me ____ un vestido y veo que me queda mal, no lo compro.

TEMAS Y SUGERENCIAS

1. La vida de una modelo parece muy "glamorosa", pero requiere muchos sacrificios. Prepare un horario (schedule) detallado de cómo se imagina Ud. que será un día típico en la vida de una de estas chicas.
2. Los estudiantes representarán comedias basadas en el siguiente asunto: Una señorita le ha pagado mucho dinero a un modisto por un vestido exclusivo. Lo lleva a una fiesta y allí ve dos mujeres más con el mismo vestido. Al día siguiente, va furiosa a ver al modisto...

3. ¿Debe una persona seguir la moda? ¿Seguirla ciegamente (blindly)? ¿Hasta qué punto debe seguirla? Cada estudiante dará su opinión sobre este punto.
4. Hable sobre la importancia de los "jeans" en la moda actual. Las razones por las que muchos gastan tanto dinero comprando los "jeans" que llevan el nombre de un diseñador en el bolsillo.
5. Un estudiante será el anunciador de un desfile de modas, y el resto de la clase desfilará, mientras su ropa es presentada y descrita por el anunciador.
6. Imagine que Ud. escribe para la sección de modas de una revista, y que es una de las personas del público que se ven en la escena, y prepare un artículo reseñando el acto.

COMENTARIO CULTURAL

La gran diversidad del mundo hispánico se refleja en los trajes típicos, que no sólo varían de país a país, sino de región a región. En España solamente, hay docenas de trajes regionales. El que lleva la chica de la foto es el vestido tradicional de Galicia, que consiste en una blusa blanca, una falda roja con rayas negras y un delantal negro. En la cabeza las gallegas llevan un pañuelo rojo.

En la otra foto vemos un grupo de indios otavalos del Ecuador. Observe que estos indígenas visten elegantemente, los hombres con poncho, y las mujeres adornadas con numerosos collares y pulseras. Es interesante además, la manera en que la señora transporta a su bebé en la espalda. ¿Ha visto Ud. antes este sistema de transportar un bebé? ¿Dónde? ¿Tiene alguna ventaja? ¿Tiene desventrajas?

¿Qué orros trajes hispánicos tradicionales ha visto Ud.? Descríbalos

Joseph Viesti

Joseph Viesti

MUEBLERÍA
ORTIZ
GRAN VENTA LIQUIDACIÓN
MUNDO
FELIZ
JUGUETERÍA
BARBERÍA
EL ELEGANTE
GRANDES
GANGAS
EL TESORO
JOYERÍA
LA CASA
DE LOS
BRILLANTES
COMPRE AHORA
SU REGALO
PARA EL DÍA
DE LAS MADRES

ESCENA 14

LAS TIENDAS

VOCABULARIO

barber shop pole **el poste de barbería**[1]
bargain **la ganga**
bracelet **la pulsera**
chain **la cadena**
charm **el dije**
chest (human) **el pecho**
china cabinet **la vitrina**
couple **la pareja**
cuff links **los gemelos**[2]
diamond **el brillante**[3]
dinette set **el juego de antecomedor**
dining room set **el juego de comedor**
double-breasted **cruzado, -a**
earrings **los aretes**[4]
forehead **la frente**
garment **la prenda**
hair cut **el corte de pelo**
handkerchief **el pañuelo**
hips **las caderas**
inside out **al revés**
jacket (sport) **la chaqueta (deportiva)**[5]
lapel **la solapa**
length **el largo**
menswear **la ropa de hombre**
necklace **el collar**
pickpocket **el, la carterista**
pocket **el bolsillo**
precious stone **la piedra preciosa**
ragged **harapiento, -a**
ring (engagement) (wedding) **el anillo (de compromiso) (de boda)**
ring **la sortija**[6]
satin **el raso**
shave **el afeitado**
shirt **la camisa**
shoulders **los hombros**
show window **la vidriera**[7]
size (clothes) **la talla**
socks **los calcetines**
stripes **las franjas**
tailor **el sastre**
tie (bow) **la corbata (de lazo)**
tie pin **el alfiler de corbata**
treasure **el tesoro**
tuxedo **el smoking**
waist **la cintura**
width **el ancho**

Palabras cognadas: el aluminio, la aguamarina, la amatista, la esmeralda, el jade, el maniquí, el masaje, la perla, el platino, el rubí, el zafiro

[1]el poste de peluquería [2]los yugos, las mancuernas (Méx.) [3]cuando está en la mina es diamante [4]los pendientes, los zarcillos (Ven.) [5]el saco (deportivo) [6]generalmente la sortija es para mujer y tiene piedras [7]el escaparate

to buy (with cash) (on credit) (on installments) **comprar (al contado) (a crédito) (a plazos)**
to give (as a present) **regalar**
to haggle **regatear**
to have an account **tener (una) cuenta**
to have a tantrum **tener una pataleta**
to have custom made **mandarse hacer (a la medida)**
to shave **afeitar(se)**
to sweat **sudar**
to take (one's) measurements **tomar (le) las medidas**
to wipe one's forehead **limpiarse el sudor (de la frente)**

Preguntas

1. ¿Qué mira posiblemente la pareja? ¿Por qué lo piensa Ud.?
2. Nombre algunas joyas que se venderán en "El Tesoro".
3. ¿Qué prendas se ven en la vidriera de "El Elegante"?
4. ¿Son los nombres de estas tiendas apropiados? ¿Qué otros nombres podrían tener?
5. ¿Cómo podemos saber, aproximadamente, en qué mes sucede esta escena?
6. ¿En qué se diferencia el smoking que tiene el maniquí de una chaqueta deportiva?
7. ¿Por qué es difícil que el hombre que mira la vidriera de "El Elegante" sea cliente de esta tienda?
8. Explique quién ha sido posiblemente víctima de un carterista, y cómo lo sabe Ud.
9. ¿En cuáles de estos establecimientos se compra más frecuentemente a plazos? ¿Por qué?
10. ¿En cuál de estos lugares se paga siempre al contado?
11. ¿Por qué tendrá la pataleta el chico?
12. Explique lo que debe hacer la madre en su opinión y por qué.
13. ¿Cómo podemos saber al mirar esta escena que ese día hacía mucho calor?
14. ¿Qué símbolos indican la existencia de una barbería? Descríbalos.
15. ¿Qué servicios reciben los hombres en una barbería?
16. ¿Cómo sabemos en cuáles de estas tiendas hay rebajas? ¿De qué otras maneras podemos saber cuándo hay rebajas en una tienda?

Más Preguntas

1. ¿Cuáles son algunas piedras preciosas?
2. Explique lo que es un dije y cómo se usa. Describa un dije que le haya gustado.

3. ¿Cuáles son las ventajas y desventajas de tener cuenta en una tienda?
4. ¿Cuáles son las diferencias entre un juego de comedor y un juego de antecomedor?
5. Si una persona se manda hacer un traje, ¿qué medidas le toma el sastre?
6. ¿Por qué es común en las ciudades que varias tiendas compartan el mismo edificio?
7. ¿Por qué le gusta (o no le gusta) ir de compras? ¿Qué clase de compras prefiere hacer?
8. ¿Qué puede hacer una persona para evitar ser víctima de un carterista? ¿Qué hace Ud.?

FORMACION DE PALABRAS

El inglés tiene algunos nombres colectivos cuyo singular se expresa con "a piece of." Estos nombres tienen generalmente singular y plural en español:

un mueble; los muebles	*a piece of furniture; furniture*
una joya; las joyas	*a piece of jewelry; jewelry (collection)*
un consejo; los consejos	*a piece of advice; advice*
una noticia; las noticias	*a piece of news; news*

Práctica

Exprese en español.

1. My father always gives me good advice.
2. I will give you a piece of advice: Don't buy too much furniture.
3. Did you hear the news? Alice lost her jewelry in a fire.
4. Her husband gave her that beautiful piece of furniture for her birthday.

PALABRAS QUE SE CONFUNDEN

To Return

1. Cuando *to return* es sinónimo de *to go (to come) back,* su equivalente es **volver** o **regresar.**

   Ese dependiente es un grosero. No **volveré** a esa tienda.
   That salesman is a rude person. I shall not return to that store.

2. Si *to return* es sinónimo de *to bring (give, pay, send) back,* equivale a **devolver.**

   En la juguetería no quisieron **devolverme** el dinero.
   At the toy store they refused to return my money.

3. Las palabras **envolver** y **revolver** no tienen relación con *to return.* **Envolver** significa *to wrap* y a veces *to involve* y **revolver** quiere decir *to stir* y también *to turn upside down.*

   Envuélvame el paquete para regalo, por favor.
   Wrap the package as a gift, please.

   El ladrón **revolvió** el cuarto buscando los brillantes.
   The thief turned the room upside down looking for the diamonds.

Práctica

Complete con la forma correcta de **volver, devolver, revolver** o **envolver.**

1. Después que uno paga, la vendedora ____ la compra.
2. Cuando quiero mezclar bien los ingredientes, los ____ un rato.
3. —¡ ____ por aquí pronto!—nos dijo el dueño cuando nos íbamos.
4. Se rompió el paquete porque no estaba bien ____.
5. No nos gusta la ropa que compramos, queremos ____.
6. El joyero ____ el cajón para encontrar la cadena que yo quería.
7. Por casualidad nos vimos ____ en un asunto tan desagradable.
8. Si no me tratan bien en una tienda no ____ a ella.
9. En algunas tiendas se da crédito por la mercancía, pero no se ____ el dinero.
10. Cuando Armando ____ del trabajo iremos juntos a ____ la sortija.

LOS MODISMOS DE HOY

quedar(le) bien (mal) (a uno)	*to be (not to be) becoming; to fit (one) right (badly)*
quedar(le) grande (pequeño, estrecho, ancho, largo, corto)	*to be too large (small, tight, wide, long, short)*
(no) hacer(le) caso (a uno)	*(not) to heed, pay attention*

Te dije que el vestido **te quedaba** corto, pero no **me hiciste caso.**
I told you the dress was too short on you but you didn't pay attention.

Práctica

Conteste usando estos modismos.

1. ¿Les haces caso siempre a tus padres? ¿Casi siempre? ¿Nunca?
2. ¿Te queda grande, o te queda pequeña la talla dieciséis?
3. ¿Has comprado alguna vez zapatos que te quedaban estrechos?
4. ¿Les quedan largos o les quedan cortos tus pantalones a las otras personas de tu familia? Explica.
5. ¿Crees que una madre debe hacerle caso a su hijo cuando él tiene una pataleta?

6. Cuando perdemos peso, ¿nos queda ancha, o nos queda estrecha la ropa?
7. ¿Te molesta que tus amigos no te hagan caso?
8. ¿Qué color te queda mejor a ti?

PRACTICA DE VOCABULARIO

Reemplace las palabras en cursiva por palabras equivalentes.

1. Tengo *crédito* en ese almacén.
2. El novio de Ester le *dio* una pulsera preciosa en su cumpleaños.
3. En ese almacén encontrarás *cosas muy baratas.*
4. Estos anillos de compromiso son para *ese hombre y esa mujer.*
5. No me gusta deber dinero, prefiero *pagar en el momento.*
6. *El diamante* es la piedra preciosa más apreciada.
7. La señora compró *un saco* muy elegante para su esposo.
8. Me encanta mirar *los escaparates* del centro.
9. El hombre parecía muy pobre porque llevaba ropa *muy rota.*
10. El poste tenía *rayas* rojas y blancas.
11. Guillermo *se quita el pelo de la cara* todos los días.
12. Compraremos hoy los muebles y los pagaremos *poco a poco.*
13. La esmeralda, el rubí y la perla son *gemas.*
14. No había ninguna camisa de mi *tamaño.*

CREACION

Complete el siguiente diálogo de la pareja que mira la vidriera.

El —¿Cuál te gusta más, vida mía?

Ella —

El —Sí, es muy bonito, pero a mí me gusta más el del brillante grande que está en el centro.

Ella —

El —Sí, es el más caro de todos, pero tú te lo mereces.

Ella —

El —Puedo comprarlo a plazos, quizás me dejen pagar $200 pesos mensuales.

Ella —

El —Bueno, cuesta $20,000 pesos, y a doscientos pesos mensuales, lo pagaré en sólo cien meses.

Ella —

El —¿Y qué son nueve años para nuestro amor eterno?

Ella —

El —Tal vez tengas razón. Amor eterno no quiere decir cuentas eternas.

Ella —

El —Bueno, te compraré el de diez mil pesos. Cincuenta meses son muchos menos. Y ese también es lindo.

Ella —

El —Está bien. Entremos. Pediremos que nos lo reserven.

TEMAS Y SUGERENCIAS

1. ¿Son mejores compradoras las mujeres que los hombres? Los estudiantes comentarán este tema, dando ejemplos de la vida real.
2. Prepare una charla sobre el tema: "Cómo gastaría yo $5,000 en las tiendas".
3. Un refrán español dice: "El hábito no hace al monje" (Clothes don't make the man), pero algunos sicólogos afirman hoy, que si uno quiere triunfar en el mundo de los negocios, debe vestir como un triunfador. ¿Quién tiene la razón?
4. Las compañías gastan millones en anunciar juguetes. Estos anuncios frecuentemente utilizan la sicología y explotan la inocencia infantil. Comente sobre esto.
5. Hable sobre las ventajas y desventajas de comprar en una tienda por departamentos y en una tienda pequeña.

COMENTARIO CULTURAL

¿Cómo podemos suponer, basándonos en el tipo de mercancía que predomina en el anuncio de los almacenes "Topeka," de Puerto Rico, la época del año que es? ¿Cree Ud. que esta época del año es apropiada para anunciar un abanico? ¿Por qué (o por qué no)?

¿Cuáles son las ventajas de tener mosquitero en una cuna portátil?

¿Cuál será la razón de la nota "Ilustración no exacta" que aparece en dos ocasiones? ¿Cómo podemos saber que "Topeka" tiene varias sucursales (branches)? ¿Qué efecto tendrá en el comprador la información sobre la cantidad de cada artículo que hay en cada tienda?

Prepare un anuncio similar a éste, e incluya en él seis objetos no incluidos aquí.

acojinado **quilted**
mosquitero **mosquito net**
plegadizas **folding**

ENTREGAS DE 10 a 4
SELLOS
CERTIFICADOS
Y PAQUETES
SE BUSCA
$1,000
DE
AÉREO
LOCAL
4 JUNIO

ESCENA 15

EL CORREO

VOCABULARIO

addressee **el (la) destinatario, -a**
airmail **el correo aéreo**
certified; registered **certificado, -a**
envelope **el sobre**
general delivery **(a) lista de correos**
glue **la goma**
grate, bars **la reja**
in front of (in a line) **delante de**
label **la etiqueta**
light **ligero, -a**
lock (combination) **la cerradura (de combinación)**
magnifying glass **la lupa**
mail **la correspondencia**
mail bag (pouch) **el saco (la valija) de la correspondencia**
mailbox **el buzón**
mailman **el cartero**
metered postage **la correspondencia contada**
pick up, delivery **la entrega**
pigeonhole **el casillero**
P.O. box **el apartado de correos**[1]
postage **el franqueo**
postage stamp **el sello**[2]
postmark **el matasellos**
regular mail **el correo ordinario**
return address **el remite**
sender **el remitente**
small chain **la cadenita**
stamp collector **el, la coleccionista de sellos**
string **el cordel**
tape **la precinta**
window **la ventanilla**
with one's back turned **de espaldas**
zip code **la zona postal**[3]

Palabras cognadas: el álbum, el fraude, conmemorativo, postal

[1]la casilla de correos [2]la estampilla; el timbre [3]el distrito postal

to claim **reclamar**
to collect stamps **coleccionar sellos**
to insure **asegurar**
to lick **lamer**
to mail a letter (put it into a mailbox) **echar una carta**
to mail (general) **enviar (mandar) por correo**
to offer a reward **ofrecer una recompensa**
to paste, glue **pegar**
to post (signs) **fijar (carteles)**
to put postage (on a letter, etc.) **franquear**
to stamp (as in rubber-stamping) **poner un cuño (sello)**
to stand on tiptoe **ponerse de puntillas**
to weigh **pesar**

Preguntas

1. ¿Qué hacen los hombres que se ven fuera?
2. ¿Por qué no hay nadie haciendo cola frente a la ventanilla de las entregas?
3. ¿Cómo podemos saber cuánto tiempo hace que se cerró esta ventanilla?
4. ¿Por qué está lamiendo el sobre la niña?
5. Explique por qué se puso de puntillas el niño.
6. ¿Por qué podemos suponer que el destinatario de la carta que echa el niño no vive en la misma ciudad?
7. Alguien dejó su paquete en el suelo en vez de cargarlo. ¿Por qué hizo esto?
8. ¿Cree Ud. que el empleado aceptará el paquete de la última mujer de la cola? Explique su opinión.
9. ¿Por qué hay una pesa en la ventanilla de los paquetes?
10. Explique el propósito y el posible contenido de los carteles que alguien fijó en la pared.
11. ¿Qué hace la empleada de correos que está de espaldas?
12. ¿Qué cree Ud. que está haciendo el cartero?
13. ¿Adónde piensa que irá la señora de las botas? ¿Por qué lo piensa?
14. Explique el uso de los objetos que hay en la mesa.
15. ¿Por qué podemos decir que las cadenitas en la mesa no fueron últiles en este caso?
16. Explique lo que hace el hombre que tiene el álbum y por qué.

Más Preguntas

1. ¿Qué ventajas y desventajas tiene la cerradura de combinación para los apartados de correos comparada con la cerradura de llave?
2. ¿Por qué razones le devuelve el correo una carta al remitente?
3. ¿Cómo puede recibir cartas una persona que no tiene residencia fija ni apartado de correos?

4. ¿En qué se diferencia un sobre aéreo de un sobre ordinario? ¿Cuál de ellos usa más Ud.? ¿Por qué?
5. ¿Qué franqueo necesita una carta para otro estado? ¿Para Bolivia? ¿Para España? ¿Para Puerto Rico? ¿Una carta certificada?
6. Explique quiénes usan el sistema de correspondencia contada y qué ventajas tiene.
7. Explique el proceso de preparar un paquete para enviarlo por correo.
8. ¿Qué carteles ha visto Ud. en el correo de su barrio? Describa uno de ellos.

FORMACION DE PALABRAS

Encuentre las palabras del vocabulario que están relacionadas con las siguientes, y explique la relación que hay entre ellas.

1. seguro
2. apartar
3. entregar
4. carta
5. colección
6. remitir
7. destinar
8. cerrar
9. cadena
10. ventana

PALABRAS QUE SE CONFUNDEN

Para y Por

Usos de para

1. Equivale a *in order to.*

   Vine al correo **para** echar esta carta.
   I came to the post office (in order) to mail this letter.

   —¿**Para** qué estudia tu novio? —**Para** (ser) abogado.
   "What is your boy friend studying for?" "(In order) To be a lawyer."

2. Indica un punto límite en el tiempo. El inglés usa generalmente *by* en este caso.

   Su paquete estará en Colombia **para** el sábado.
   Your package will be in Colombia by Saturday.

   Para entonces ya estaremos nosotros allí.
   By then we will already be there.

3. Indica un lugar de destino. También indica a quién está destinado un objeto o acción.

   Su cuñado se ha embarcado **para** Panamá.
   His brother-in-law has sailed for Panama.

   El destinatario es la persona **para** quien se escribe la carta.
   The addressee is the person for whom the letter is written.

4. Indica uso o propósito.

    El casillero sirve **para** distribuir las cartas.
    The pigeonholes are used to distribute the letters.

    Necesitamos sobres **para** correo aéreo.
    We need air mail envelopes.

5. Expresa las ideas de *considering, compared with* y *with respect to.*

    Juanita se ve joven **para** su edad.
    Juanita looks young for her age.

    El habla bien el español **para** ser extranjero.
    He speaks Spanish well for a foreigner.

6. Combinada con el verbo **estar, para** expresa las ideas de *(not) to be in the mood for* y *(not) to be in the right condition for.*

    He tenido un día malo y no estoy **para** chistes.
    I have had a bad day and I am in no mood for jokes.

    El horno está demasiado caliente **para** hornear ese pastel.
    The oven is too hot to bake that pie.

7. Combinada con el verbo **trabajar, para** expresa la idea de *to be employed by.*

    Los carteros trabajan **para** el gobierno federal.
    Mail carriers work for the federal government.

Práctica

Complete de manera original, fijándose en el uso de **para.**

1. Se ponen cadenitas en las plumas para...
2. Esa caja es demasiado pequeña para...
3. No estoy para... porque...
4. Para el mes que viene...
5. Compré un álbum para...
6. Como el chico es pequeño, tiene que empinarse para...
7. Este paquete es para...
8. Muchas personas lamen los sellos para...
9. Hoy hace frío para...
10. Mi padre trabaja para...
11. Para estudiantes como nosotros...
12. Rosario salió para...

LOS MODISMOS DE HOY

en el extranjero	*abroad*
sin falta	*without fail*

El paquete es para un tío mío que vive **en el extranjero.**
The package is for an uncle of mine who lives abroad.

El giro postal tiene que estar en México el lunes **sin falta.**
The money order has to be in Mexico next Monday without fail.

Conteste las siguientes preguntas usando uno de estos modismos en su respuesta.

1. ¿Viven en este país los Mendoza?
2. ¿Cuándo tienes que regresar a la universidad?
3. ¿Estaba en los Estados Unidos el soldado a quien le enviaron el paquete?
4. ¿Por qué corrías?
5. ¿A qué hora quieren Uds. que esté en su casa?

PRACTICA DE VOCABULARIO

Usando oraciones completas, diga:

A. Cómo se llama la persona que...

1. lleva las cartas a su casa
2. envía una carta
3. recibe una carta
4. colecciona sellos

B. Cómo se llama...

1. el grupo de cartas que Ud. recibe
2. la cantidad de sellos requerida para enviar una carta o paquete
3. el tipo de carta que solamente se le entrega si Ud. firma un recibo
4. la caja numerada donde se ponen las cartas de una persona
5. el papel que se pega a un paquete con el nombre del destinatario

C. Qué verbo expresa la acción de...

1. pagar para recibir compensación si el paquete de uno se pierde
2. pasar la lengua por un lugar
3. poner una carta en el buzón
4. pararse en la punta de los pies
5. unir dos papeles con una sustancia adhesiva

D. Qué se usa para...

1. cerrar un paquete
2. ver las cosas más grandes de lo que son
3. amarrar un paquete
4. cerrar las ventanillas del correo
5. pegar un papel

CREACION

La Sra. Ana Landeira ha recibido la siguiente carta. Contéstela como ella lo haría.

Querida Ana Landeira:

¡Mi novio no me escribe nunca! Todos sabemos que a algunas personas no les gusta escribir, pero el caso de mi novio es exagerado, porque en ocho meses no ha contestado una sola de mis cartas, a pesar de que yo le escribo una o dos veces a la semana.

Cuando nos hicimos novios éramos compañeros en la universidad y nos veíamos mucho. El parecía amarme entonces. Pero después se fue a la Universidad de Guadalajara, en México, para estudiar medicina, y comenzaron mis problemas. A veces lo llamo por larga distancia, pero no puedo llamarlo con mucha frecuencia, porque no tengo tanto dinero, y él no me llama casi nunca por la misma razón.

Un refrán español dice: "Ojos que no ven, corazón que no siente" (Out of sight, out of mind), pero yo no quiero que mi novio me olvide, porque lo amo. ¿Cree Ud. que lo perderé? ¿Qué debo hacer?

ALMA SOLITARIA

TEMAS Y SUGERENCIAS

1. Compare esta escena con la que se ve en el correo de su barrio o pueblo a) en un día típico y b) una semana antes de Navidad.
2. Hable sobre los aspectos positivos y negativos del oficio de cartero.
3. Invente un cuentecito con el título: "El día que alguien dejó en el correo un paquete con un 'tic-tac' sospechoso."
4. Busque información y comente en clase sobre algunos sistemas de correos del pasado, tales como el "pony express" y los "chasquis" (foot messengers) incaicos.
5. Imagine que una carta pudiera hablar, y prepare una narración interesante con el título: "Historia de una carta." (No olvide incluir en su cuento los detalles del proceso por el que pasa una carta en el correo.)
6. Busque información sobre la historia de los sellos y comente sobre esto y sobre la afición a coleccionarlos.

COMENTARIO CULTURAL

Los temas de los sellos de los países hispánicos son interesantes y variados. Frecuentemente están inspirados en acontecimientos o figuras históricos, pero también se inspiran en sucesos contemporáneos, arte, deportes, etc. El enorme interés que despierta el fútbol en la mayoría de los países se ve en tres de estos sellos. ¿De qué países son? ¿Qué países conmemoran en sus sellos "el año internacional del niño"? ¿Qué país conmemora en un sello "el año internacional de la mujer"? ¿Qué país muestra en su sello preocupación por la ecología? ¿Cuáles tienen sellos de tema arqueológico? ¿Sabe Ud. quién es el patriota que aparece en uno de los sellos de Venezuela?

¿Qué temas ha visto Ud. en otros sellos hispánicos? ¿Y en sellos de los Estados Unidos? Describa un sello que le guste.

HOTEL CASTILLO
TELÉFONOS
CUIDADO
ESTAMOS
LIMPIANDO

ESCENA 16

EL HOTEL

VOCABULARIO

backwards **al revés**
bell (type found on hotel desks) **el timbre**
bellboy **el botones**
blotter **el secante**
boarding house **la casa de huéspedes**
chandelier **la araña**
cleaning (n.) **la limpieza**
cord **el cordón**
desk clerk **el, la recepcionista**
desk pad **la carpeta**
doll **la muñeca**
doorman **el portero**
duster **el plumero**
fat man **el gordo**
frisbee **el disco volador**
front desk **la recepción**
fur stole **la estola de piel**
guest **el, la huésped**
lobby **el vestíbulo**
lovey-dovey **acaramelados**
luggage **el equipaje**
maid (chambermaid) **la camarera**
manager (hotel) **el, la gerente**
manager (to actor, etc.) **el (la) apoderado,-a**
married couple **el matrimonio**
message **el recado**
mop **el trapeador**
movie star **la estrella de cine**
newlyweds **los recién casados**
overnight bag **el maletín**
pigeonholes **el casillero**
poodle **el perro de lanas**
procession **la comitiva**
rates **los precios**
revolving door **la puerta giratoria**
room (single) (double) **el cuarto (sencillo (doble)**
suitcase **la maleta**
trunk **el baúl**
vacuum cleaner **la aspiradora**
vase (large) **el jarrón**

Palabras cognadas: el motel, la pipa, el registro, la reservación

to argue **discutir**
to carry **cargar**
to check into a hotel **inscribirse en un hotel**
to check out of a hotel **irse de un hotel**
to get stuck **trabarse**
to knock down **derribar**
to point out (at) **señalar**
to push **empujar**
to scold **regañar**
to slip **resbalar**
to stay at a hotel **parar en un hotel**[1]
to sue **poner (un) pleito**[2]
to trip **tropezar (ie)**

Preguntas

1. ¿Qué adornos o detalles elegantes se ven en este vestíbulo?
2. ¿Por qué mira la mujer al niño con cara severa?
3. ¿Cuáles de estas personas están recién casadas? ¿Por qué lo supone Ud.?
4. Describa al cliente que está junto a la recepción.
5. ¿Por qué podemos suponer que este señor no pasará muchos días en el hotel?
6. ¿Qué utensilios de limpieza tienen los empleados? ¿Para qué los usan?
7. ¿Por qué levanta las piernas el joven que está en el sofá?
8. ¿Por qué los que limpian en los sitios públicos ponen carteles como el que se ve en la escena?
9. ¿Por qué se ve al revés el nombre del hotel?
10. ¿Por qué podemos suponer que la mujer que se va es muy importante?
11. Describa a esta mujer y diga quién cree Ud. que es.
12. Explique lo que hace o carga cada uno de los botones.
13. ¿Quién enviaría el ramo de flores? ¿Por qué lo enviaría?
14. ¿Quién será el hombre que va delante de la comitiva?
15. ¿Qué cree Ud. que estará señalando la niña de la muñeca?
16. Explique qué relación existirá entre las personas que discuten, y por qué discutirán.

Más Preguntas

1. Explique qué accidentes pueden sucederle a una persona que pasa por un lugar donde están limpiando.
2. ¿Por qué en los hoteles tiene que haber otras puertas además de la puerta giratoria?
3. Describa los uniformes de los botones.
4. Explique los objetos que hay normalmente en el mostrador de la recepción, y su uso.
5. ¿Qué hace un huésped con la llave de su cuarto cuando sale del hotel y cuando entra? ¿Por qué?
6. ¿Por qué se paga en los moteles al inscribirse y en los hoteles al irse?

[1]alojarse en un hotel [2]demandar

7. ¿Qué diferencias hay entre un hotel y una casa de huéspedes?
8. ¿Prefiere Ud. parar en un hotel, en un motel, o en una casa de huéspedes? ¿Por qué? ¿En cuál(es) ha parado?

FORMACION DE PALABRAS

La palabra **recién**, que es una abreviatura **reciente**, se combina con participios pasados para formar nombres y adjetivos.

El **recién** nacido lloró toda la noche.
The newborn baby cried all night.

El portero cargó el equipaje de los **recién** llegados.
The doorman carried the luggage of the newcomers.

Los **recién** casados están parando en el Hotel Castillo.
The newlyweds are staying at the Hotel Castillo.

Otros ejemplos de combinaciones con **recién**:

los estudiantes recién graduados	*the recently graduated students*
paredes recién pintadas	*freshly painted walls*
el pastel recién horneado	*the freshly baked pie*
una moneda recién acuñada	*a recently minted coin*

Práctica

Conteste utilizando **recién** en su respuesta.

1. ¿Tiene más de un año el hijo de los Acosta?
2. ¿Están sucias las paredes de tu cuarto?
3. Y las sábanas de tu cama, ¿están sucias?
4. ¿Llevan Uds. muchos días en este hotel?
5. ¿Es esa la muñeca que le compraste a la niña el año pasado?
6. ¿Limpiaron hoy este piso?
7. ¿Colecciona Ud. monedas antiguas?
8. ¿Hace mucho tiempo que ellos se casaron?

PALABRAS QUE SE CONFUNDEN

Para y Por

Usos de por

1. Precede al agente de una acción y expresa la idea de *by means of.*

El hotel fue destruido **por** un incendio.
The hotel was destroyed by a fire.

Reservé mi habitación **por** carta.
I reserved my room by mail.

2. Equivale a *through, along, around, in.*

    No trates de salir **por** la puerta giratoria con ese baúl.
    Don't try to get out through the revolving door with that trunk.

    ¿Piensan Uds. viajar **por** Europa este verano?
    Do you plan to travel in Europe this summer?

3. Precede a períodos de tiempo *(during, for)*[3] y a las partes del día *(in).*

    Si los precios no son muy caros, nos quedaremos **(por)** una semana.
    If the rates aren't too high we will stay for a week.

    Por las noches nos sentábamos a conversar en el vestíbulo.
    In the evenings we used to sit in the lobby to talk.

4. Indica precio o intercambio.

    Nos cobraron 8.000 pesetas **por** el cuarto. ¡Qué barbaridad!
    They charged us 8,000 pesetas for the room. How awful!

    La camarera está enferma hoy, pero su hermana trabajará **por** ella.
    The maid is ill today, but her sister will work for her.

5. Es el equivalente de *per.*

    El cincuenta **por** ciento de los huéspedes eran norteamericanos.
    Fifty percent of the guests were American.

6. Indica el motivo o razón de una acción. El inglés expresa esto con *out of, because of, through, on account of.*

    Claro que me gustó el regalo. Dije que no me gustaba **por** despecho.
    Of course I liked the present. I said I didn't like it out of spite.

    Lo echaron del hotel **por** la música estridente que tocaba.
    He was thrown out of the hotel because of the noisy music he played.

7. Expresa las ideas de *for the sake of, on behalf of, in favor of.* Equivale también a *for,* cuando el sujeto tiene sentimientos hacia algo o alguien.

    Sabes que haría cualquier cosa **por** tí.
    You know I would do anything for your sake.

    Carmen ya no sentía ningún amor **por** su esposo.
    Carmen no longer felt any love for her husband.

8. Indica que algo está pendiente o incompleto.

    La camarera habla que te habla y el piso está **por** limpiar.
    The maid talks and talks and the floor is yet to be cleaned.

9. Como equivalente de *in order to,* cuando el énfasis está en la acción y no en su resultado. El resultado es en este caso negativo, no se sabe, o no se expresa.

    El gordo estaba trabado en la puerta giratoria y luchaba **por** salir.
    The fat man was stuck in the revolving door and was struggling to get out.

[3] Por se omite frecuentemente en este caso.

Práctica

Decida entre **para** y **por** y complete.

1. La pareja discutía ____ un asunto insignificante.
2. Demandó al hotel ____ el accidente que tuvo.
3. ¿Cree Ud. que la actriz trabaja ____ el hotel, o piensa que está de visita?
4. Los recién llegados fueron recibidos ____ el gerente.
5. Supimos que eran recién casados ____ la manera de mirarse.
6. La escena era cómica, pero yo no estaba de humor ____ reír.
7. Mañana salgo de viaje y mi maleta está todavía ____ hacer.
8. Pagó varios miles de dólares ____ esa estola de piel.
9. El hombre entró en la cabina telefónica ____ llamar a su esposa.
10. En la recepción hay un recado ____ vosotros.
11. El cuarto puede pagarse ____ día o ____ semana.
12. El timbre se usa ____ llamar al botones.
13. Necesito una pluma ____ firmar el registro.
14. No puedo prometerle nada, pero haré lo posible ____ conseguirle un cuarto.
15. No cupimos en el ascensor ____ las muchas maletas que llevábamos.
16. El precio me parece moderado ____ un hotel tan elegante.
17. Quiero reservar un cuarto doble ____ el primero de abril.
18. ____ la tarde, daremos un paseo ____ la ciudad.

LOS MODISMOS DE HOY

por adelantado	*in advance*
por casualidad	*by chance*
por si acaso	*just in case*
por lo visto	*evidently, apparently*

Práctica

Conteste usando estos modismos en su respuesta.

1. ¿Pagarás el cuarto el día que te vayas?
2. Parece que esa mujer es una persona importante y famosa, ¿no lo crees?
3. ¿Tenías una cita con Rolando, o lo encontraste accidentalmente?
4. ¿Por qué no pasas por un lugar cuando están limpiando el piso?

PRACTICA DE VOCABULARIO

Reemplace las palabras en cursiva por palabras sinónimas.

Tuve que ir a Buenos Aires, porque alguien *me demandó* en un accidente, y *me alojé* en el Hotel Castillo, que tiene *una lámpara muy elegante* en el techo y una puerta *que da vueltas,* y cuyo *administrador* es amigo de mi padre.

Un día, cuando bajé al *piso principal* para ver si tenía algún *mensaje,* vi a *dos esposos* que *peleaban* y a dos jóvenes *que acababan de casarse* sentados *en actitud muy amorosa.* También vi a la madre de un niño, que *le decía palabras severas* porque iba a *tirar al suelo* una lámpara. Una dama, que parecía una *actriz* de cine, salía en esos momentos, en medio de *una procesión* que encabezaba su *agente,* y en la cual iban los botones que llevaban *sus maletas.* Una niña, con una muñeca en la mano, *indicaba* en esa dirección.

TEMAS Y SUGERENCIAS

1. Déle una identidad a la mujer importante que no sea estrella de cine, imagine que Ud. es periodista, y hágale una entrevista.
2. Prepare un diálogo de una posible conversación entre los recién casados.
3. Muchos hoteles y edificios públicos no tienen piso número 13. Invente un cuento interesante con el título: "El hotel que tenía piso número trece."
4. Escríbale una carta al gerente de un hotel, explicando que ha tenido un accidente al pasar por donde estaban limpiando y que va a ponerle un pleito.
5. Se representarán en clase comedias breves sobre el siguiente asunto: Un(a) norteamericano(a) acaba de llegar a un país hispánico. Una fiesta o evento muy importante ha atraído miles de turistas y no hay espacio en ningún hotel. El recepcionista le dice a la persona recién llegada que ha habido un error, y que no tiene cuarto reservado...

COMENTARIO CULTURAL

Hay muchas clases de hoteles: algunos son antiguos y elegantes, ideales para parar en un viaje de negocios, otros son modernos y cómodos, otros están hechos especialmente para que el que va de vacaciones tome el sol, descanse y se divierta. ¿Le gustaría a Ud. pasar sus vacaciones en el hotel que se ve en la foto? ¿Qué le atrae de él? ¿Hay algo que no le atraiga? ¿Hay hoteles como éste en los Estados Unidos? ¿Ha parado Ud. en algún hotel similar?

Este hotel está en la ciudad de Marbella, en el sur de España, en una región que siempre está llena de turistas. ¿Cómo podemos saber que se trata de un lugar tropical? ¿Cree Ud. que ésta es una piscina, o que es el mar? ¿Por qué lo cree?

Joseph Viesti

LA LEY PROHIBE
DISCRIMINAR
POR RAZÓN DE
RAZA, SEXO, EDAD
O RELIGIÓN.

ESCENA 17

LA AGENCIA DE EMPLEOS

VOCABULARIO

bandaged **vendado, -a**
bodyguard **el guardaespaldas**
bulletin board **el tablón de anuncios**
car salesman **el vendedor de automóviles**
case **el estuche**
child care **el cuidado de niños**
classified ads **los anuncios clasificados**
clipping **el recorte**
commercial artist **el dibujante comercial**
crutch **la muleta**
day wages **el jornal**
diploma **el título**
employer **el (la) patrono, -a**[1]
gangster **el pandillero**
good looks **la buena presencia**
in a cast **enyesado, -a**
in a sling **en cabestrillo**
lab technician **el, la laboratorista**
librarian **el (la) bibliotecario, -a**
machine gun **la ametralladora**
merchant **el, la comerciante**
military man (woman) **el, la militar**
pregnant **encinta**[2]
priest **el cura**[3]
printer **el (la) impresor, -a**
psychiatrist **el, la siquiatra**
public official **el funcionario público**
radio announcer **el (la) locutor, -a**
realtor **el (la) corredor, -a de bienes raíces**
safety belt **el cinturón de seguridad**
salary **el sueldo**
scaffold **el andamio**
social worker **el (la) trabajador, -a social**
stewardess **la azafata**[4]
telephone operator **el, la telefonista**
unemployed **desempleado, -a**
window washer **el limpiador de ventanas**
wrestler **el luchador**

Palabras cognadas: el agricultor, la asistente dental, la comisión, el doble de un actor, el fumigador, ilustrar, incompetente (m. & f.), el violín, el, la violinista

[1]el patrón [2]en estado [3]el sacerdote; el ministro, el pastor (Protestant), el rabino (Jewish) [4]la aeromoza

to apply for (a job) **solicitar (un empleo)**
to be self-employed **trabajar por cuenta propia**
to clip **recortar**
to fill out an application **llenar una solicitud**
to fire **echar, despedir**
to hire **emplear, contratar**
to interview **entrevistar**
to miss work **faltar al trabajo**
to retire **jubilarse**

Preguntas

1. Basándose en el uniforme, ¿qué profesión diría Ud. que tiene la joven que está en el primer plano, a la izquierda?
2. ¿De qué manera ahorra tiempo la mujer que está sentada junto a ella?
3. Explique lo que tiene en la mano el joven que está en primer plano, a la derecha, y por qué lo tendrá.
4. Nombre algunos empleos que le gustarían a este joven, y algunos que no le gustarían, y explique su opinión.
5. ¿Qué sección del periódico habrá leído el señor de la pierna enyesada?
6. Describa a este hombre.
7. ¿Cuál de estas personas puede ser bibliotecario,-a? ¿Por qué lo piensa Ud.?
8. Si la mujer que está con la niña comienza a trabajar, ¿qué servicio necesitará probablemente?
9. ¿Cuáles de las personas que se ven en la escena ya tienen trabajo?
10. ¿Cómo sabemos que esta agencia de empleos no está en el primer piso?
11. ¿Qué habrá en el tablón de anuncios? ¿Por qué?
12. ¿Por qué recortará periódicos el empleado?
13. ¿Cuál de estas personas no parece lógico que esté aquí? ¿Por qué?
14. ¿Qué empleo buscará el hombre que está sentado junto al cura?
15. ¿Qué contendrá el estuche que se ve junto a este hombre?
16. Dé ejemplos de las clases de discriminación a que se refiere el cartel.

Más Preguntas

1. Explique lo que hacen un guardaespaldas, un fumigador y un dibujante comercial.
2. ¿En cuál de estos empleos es más importante tener una constitución física fuerte? ¿Por qué?
3. ¿Por qué muchos patronos no quieren emplear a mujeres en estado o con niños pequeños?
4. ¿De qué manera gana dinero una agencia de empleos?
5. ¿De qué otra forma se puede conseguir trabajo sin ir a una agencia?
6. ¿Cuál es la diferencia entre trabajar a sueldo, a jornal y a comisión?

7. Nombre tres ocupaciones en las que una persona no recibe sueldo fijo, y explique lo que se hace en ellas.
8. ¿Cuáles son algunas razones por las que se echa a alguien de un empleo?

FORMACION DE PALABRAS

Los nombres de oficios y profesiones se forman en español de cinco maneras principales.

1. Con la terminación **-ero, -era.**

baseball player	pelotero	*jeweler*	joyero
bullfighter	torero	*locksmith*	cerrajero
cowboy	vaquero	*milkman*	lechero
garbage collector	basurero	*plumber*	plomero
hardware dealer	ferretero	*shoemaker*	zapatero

2. Con la terminación **-or, -ora.**

accountant	contador	*senator*	senador
decorator	decorador	*shepherd*	pastor
governor	gobernador	*speaker*	orador
preacher	predicador	*translator*	traductor

3. Con la terminación **-ista,** común para el masculino y el femenino.

artist; actor, actress	artista	*elevator operator*	ascensorista
cabinetmaker	ebanista	*football or soccer player*	futbolista
computer operator	computista	*journalist*	periodista
electrician	electricista	*telegraph operator*	telegrafista

4. Con las terminaciones **-ante** y **-ente**, que son por lo general comunes para el masculino y el femenino.

admiral	almirante	*manufacturer*	fabricante
agent	agente	*representative*	representante
lieutenant	teniente	*singer*	cantante
major	comandante	*traveling salesman*	viajante

5. De manera irregular[5].

brick layer	albañil	*mayor*	alcalde
district attorney	fiscal	*pharmacist*	farmacéutico, -a
housewife	ama de casa	*tailor*	sastre
judge	juez	*veterinarian*	veterinario, -a

Práctica

A. Diga cómo se llama la persona que vende...
1. clavos, 2. medicinas, 3. joyas, 4. leche

B. Diga cómo se llama el que arregla, hace o instala...
1. cerraduras, 2. cables eléctricos, 3. zapatos, 4. trajes, 5. muebles, 6. tubos

[5] El femenino de **alcalde** es **alcaldesa; albañil, fiscal, juez** y **sastre** forman su femenino con **la.**

C. Diga qué hace...
1. un fiscal, 2. un traductor, 3. un alcalde, 4. un decorador, 5. un orador

D. Diga cuál es la profesión u oficio relacionado con...
1. vacas, 2. animales en general, 3. ovejas, 4. toros, 5. basura, 6. números, 7. beisbol, 8. periódicos

E. Diga cómo se llama el que maneja u opera...
1. un ascensor, 2. el telégrafo, 3. teléfonos, 4. una computadora

PALABRAS QUE SE CONFUNDEN

A. Position

Con referencia a un empleo, en español no se usa **posición,** sino **puesto.**

> Ella busca un **puesto** de consejera en un colegio.
> *She is looking for a position as advisor at a school.*

B. Application

Aplicación sólo significa *application* como sinónimo de "uso práctico" y "esfuerzo." Cuando uno escribe pidiendo un empleo o haciendo una petición, la palabra que se usa es **solicitud.** También se usa **planilla,** pero esta palabra se refiere al papel que se llena.

> Aprendemos muchas cosas que no tienen **aplicación** en la vida diaria.
> *We learn many things that don't have an application in daily life.*
>
> El chico ganó ese premio por su **aplicación** en sus estudios.
> *The boy won that prize on account of his application to his studies.*
>
> Todas las **solicitudes** para el puesto deben recibirse antes del lunes.
> *All applications for the position must be received before Monday.*
>
> Lo primero que debe hacer Ud. es llenar la **planilla.**
> *The first thing you should do is fill out the application (form).*

C. Diploma

En general, **el título** es el documento que recibe una persona cuando se gradúa, y **el diploma** es el documento que recibe como honor especial o premio.

> Quiero poner mi **título** universitario en un marco.
> *I want to frame my college diploma.*
>
> El chico recibió un **diploma** especial por su aplicación en sus estudios.
> *The boy received a special diploma on account of his application to his studies.*

Práctica

Exprese en español.

1. Fill out this application and return it to me.
2. To apply for that position you will need a high school diploma.
3. If your application is incomplete you won't get the position.
4. His invention doesn't have any industrial application, but it won him a diploma.

LOS MODISMOS DE HOY[6]

que yo sepa — *as far as I know*
que yo recuerde — *as far as I remember*

Asunción no tiene ningún título, **que yo sepa.**
As far as I know, Asuncion doesn't have any degree.

Nadie te llamo esta tarde, **que yo recuerde.**
As far as I remember, nobody called you this afternoon.

Práctica

Conteste dos veces de manera negativa, usando **que yo sepa** la primera vez, y **que yo recuerde** la segunda.

1. ¿Llamó tu madre al fumigador?
2. ¿Dijo Juanita que iría a la entrevista?
3. ¿Se anunció ese empleo en los anuncios clasificados?
4. ¿Estaba Emeterio ayer en la fiesta?
5. ¿Gana buen sueldo el padre de tu amiga?
6. ¿Se apellida Estrada el patrono de Ramón?

PRACTICA DE VOCABULARIO

A. Identifique el verbo o expresión verbal a que corresponde cada definición, y haga una oración con cada uno.

1. Darle a alguien un trabajo o puesto.
2. Ser uno el patrono de sí mismo.
3. Decirle el patrono a un empleado que se vaya y deje su puesto.
4. Retirarse de un empleo después de muchos años.
5. Poner uno su nombre y otros datos personales en un papel para pedir empleo.
6. La acción de hablar un jefe con alguien que quiere ser su empleado.

[6]Estas expresiones se combinan generalmente con oraciones negativas.

B. Diga a qué palabra se refiere cada definición.

1. Persona que dirige servicios o ritos religiosos católicos.
2. Hombre que acompaña a un personaje importante para protegerlo.
3. Adjetivo que describe a una mujer que va a tener un bebé.
4. Cantidad periódica que se le paga a alguien en un empleo.
5. Persona que vende casas.
6. Objeto que nos ayuda a caminar si tenemos una pierna rota.
7. Aspecto atractivo o agradable de una persona.
8. Alguien que no tiene trabajo.
9. Persona que tiene un puesto en el gobierno.
10. Persona que habla por radio profesionalmente.

CREACION

¿Cómo es Ud. realmente? ¿Qué cualidades tiene? ¿Qué experiencia? ¿Qué sabe hacer? ¿Qué le gustaría hacer? Prepare el anuncio de un empleo para el cual Ud. sea la persona indicada. (Recuerde que los verbos están en el subjuntivo cuando se busca algo o a alguien.) Escriba también una carta solicitando ese empleo, y explicando por qué es Ud. el (la) candidato(a) ideal.

TEMAS Y SUGERENCIAS

1. Comente sobre lo que quiere ser y hacer en el futuro y por qué.
2. Diga cómo resolvería el problema del desempleo si fuese gobernante.
3. La clase comentará sobre los problemas del Seguro Social, y cómo éstos afectarán a los jóvenes de su generación cuando les llegue la hora de jubilarse.
4. Se comentará el problema de la discriminación contra la mujer en algunas profesiones y trabajos, ahora y en el pasado, y se darán ejemplos de la vida real.
5. Hable sobre algunos oficios peligrosos que existen y por qué le gustaría o no tener un oficio así.
6. Invente una historia interesante sobre el hombre de la muleta, explicando quién es y lo que le pasó.

COMENTARIO CULTURAL

Este anuncio ofrece cursos por correspondencia. ¿Qué opina Ud. del examen de inteligencia que contiene? ¿Lo puede descifrar Ud. fácilmente? ¿Qué resultado sicológico tiene este método de propaganda para el lector común? ¿Ha visto anuncios de este tipo en nuestro país? ¿Cómo eran? ¿Con cuáles de estos cursos podría una persona obtener un empleo mejor y ganar más dinero? ¿Por qué? ¿Qué cursos tomaría como pasatiempo alguien que no necesitara ganar dinero? ¿Cuál(es) de estos cursos tomaría Ud.?

¿ES USTED INTELIGENTE?
DESCIFRE EL MENSAJE Y TENDRA LA OPORTUNIDAD DE ESTUDIAR UN CURSO DE GRAN FUTURO, POR CORRESPONDENCIA
ADEMAS ¡GRATIS! INTERESANTE OBSEQUIO
CLAVE
A D E G I O P R S T U
DENTRO DE LA ESFERA SE ENCUENTRA UN MENSAJE QUE LE AYUDARA A DECIDIR SU FUTURO, DESCIFRELO. SOLO SIGA EL ORDEN SEÑALADO CON BASE EN LAS CLAVES QUE APARECEN ARRIBA. UNA VEZ RESUELTO, RECORTE LA HOJA Y ENVIENOSLA HOY MISMO. EN BREVE TIEMPO, USTED RECIBIRA DE NOSOTROS UNA AGRADABLE SORPRESA.
EL MENSAJE DICE:
MARQUE CON UNA X EL CURSO QUE LE GUSTARIA ESTUDIAR:
CORTE Y CONFECCION
RADIO ELECTRONICA Y T.V.
SECRETARIADO COMERCIAL
DECORACION GENERAL
CULTORA DE BELLEZA
ELECTRICIDAD
FOTOGRAFIA
DIBUJO ARTISTICO
ENFERMERIA
VENTAS
CONTABILIDAD
DIBUJO TECNICO GENERAL, ARQUITECTONICO Y MECANICO
REPARACION DE APARATOS ELECTRICOS DOMESTICOS
CERAMICA
SOLO BASTA SABER LEER Y ESCRIBIR
instituto de superación
MEDELLIN 150, MEXICO 7, D.F.
PARA AMBOS SEXOS
NOMBRE
DIRECCION
LOCALIDAD
EDO. O PROV.
PAIS
Instituto registrado en la Secretaria de Educacion Publica, bajo el Oficio No. 11632, de conformidad con lo dispuesto en el Articulo 41, ultimo parrafo, de la Ley Federal de Educacion.
TVN-8
IMPORTANTE: ENVIENOS HOY MISMO ESTE ANUNCIO CON TODOS SUS DATOS Y A VUELTA DE CORREO RECIBIRA EL RESULTADO

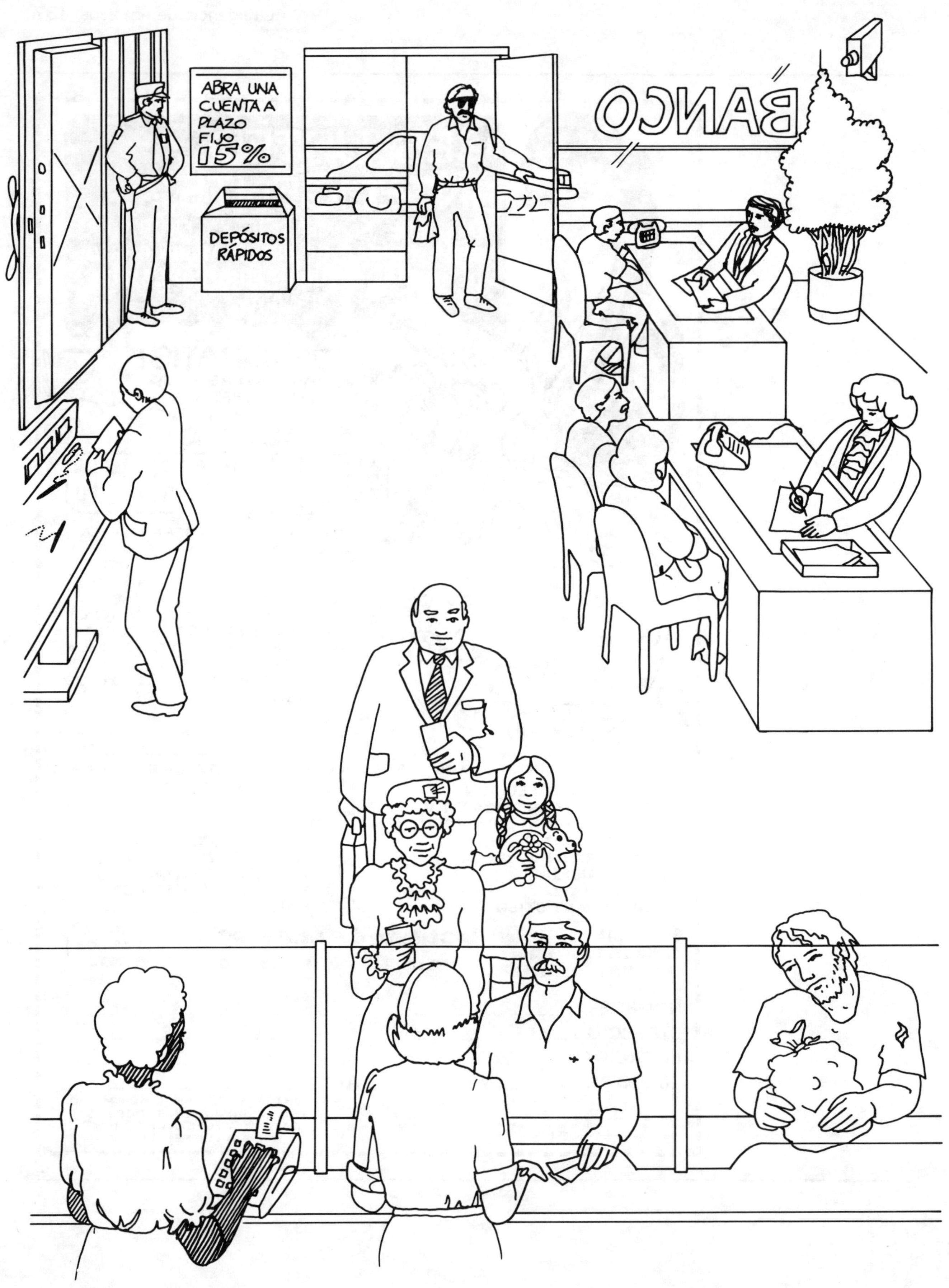
ABRA UNA CUENTA A PLAZO FIJO 15%
DEPÓSITOS RÁPIDOS
BANCO

ESCENA
18

EL BANCO

VOCABULARIO

account (checking) (savings) **la cuenta (corriente) (de ahorros)**
adding machine **la sumadora**
amount **la cantidad**
application **la planilla**
bad check **el cheque sin fondos**
bank manager **el gerente del banco**
bars (iron) **la reja**
bill (bank) **el billete**
businessman (woman) **el hombre (mujer) de negocios**
cancelled check **el cheque cancelado**
card **la tarjeta**
cash (adj.) **en efectivo**
check (for cash) **el cheque (al portador)**
check book **la chequera**[1]
coin **la moneda**
collateral **la garantía**
co-signer **el fiador**
draft (foreign) **el giro (al extranjero)**
express deposit box **la caja de depósitos rápidos**
hold up **el asalto**
loan **el préstamo**
long term (fixed) **a largo plazo (a plazo fijo)**
monthly payment **la letra**
mortgage **la hipoteca**
on the back (of check, etc.) **al dorso**
passbook **la libreta de banco**
piggy bank **la alcancía**
principal **el capital**
safety box **la caja de seguridad**
savings **los ahorros**
slip (deposit) (withdrawal) **la hoja (de depósito) (de extracción)**
statement (bank) **el estado de cuenta**
stock **las acciones**
suspect **el (la) sospechoso,-a**
teller **el (la) cajero,-a**
transaction **la operación**
traveler's checks **los cheques de viajero**
vault **la bóveda**

Palabras cognadas: la alarma, el balance, la bomba, el calendario, la combinación, la computadora, el crédito, depositar, endosar, el interés, la nota, por ciento, la pistola, el revólver, la suma

[1]la libreta de cheques

to be dressed in rags **llevar harapos (ropa harapienta)**
to be overdrawn **sobregirarse**
to borrow **pedir prestado**
to cash a check **cambiar un cheque**
to endorse **endosar**
to fill out a form **llenar un formulario**
to hold up **asaltar**
to invest **invertir**
to lend **prestar**
to post **poner al corriente**
to rent **alquilar**
to sign **firmar**
to suspect **sospechar**
to withdraw money **sacar (extraer) dinero**

Preguntas

1. ¿Por qué mira el policía al hombre que entra con la bolsa de papel?
2. En caso de un asalto, ¿cómo tendrán los detectives fotos de este hombre?
3. ¿De qué manera podrán estas cajeras avisar a la policía en caso de un asalto?
4. ¿Por qué hay una reja en la puerta que se ve a la izquierda?
5. Explique lo que hace la cajera que está a la izquierda y cómo lo hace.
6. ¿Qué operación cree Ud. que va a hacer la anciana? ¿Por qué lo cree?
7. ¿Por qué podemos suponer que la niña no va a extraer dinero?
8. ¿Por qué es una ironía que el hombre que está en la ventanilla a la derecha lleve esa bolsa?
9. ¿Qué estará haciendo el hombre que está de pie junto a la mesa?
10. ¿Hay en las mesas de su banco algunas cosas que no se ven en la mesa de la escena? Explique.
11. ¿Qué puede hacer en este banco una persona que quiera depositar y tenga prisa?
12. ¿Qué clase de operación puede estar haciendo la pareja?
13. ¿Cree Ud. que el chico quiere un préstamo para comprar un coche, o que quiere otra cosa? Explique su opinión.
14. ¿Necesitará el chico un fiador que firme su planilla? Explique.
15. ¿Qué hay en muchos bancos modernos que no se ve en este banco?
16. Explique lo que significa el 15% que se ve en el cartel. ¿Atraerá (attract) este cartel a los clientes? ¿Por qué?

Más Preguntas

1. Explique las diferentes maneras en que un cliente puede saber el balance de su cuenta corriente.
2. ¿Cómo podemos probar, en caso de error, que pagamos algo con un cheque?
3. Explique de qué manera(s) se puede sacar dinero de una cuenta corriente.
4. ¿Qué ventajas y desventajas tiene el poner los ahorros en cuentas de ahorro a plazo fijo o a largo plazo?

5. ¿Qué interés se recibe hoy en esta clase de cuentas, y qué interés se recibe en las cuentas de ahorros tradicionales?
6. ¿Cómo podemos probar que hicimos un depósito en efectivo en la cuenta de ahorros? ¿Y en la cuenta corriente?
7. ¿Qué sucede si uno hace un cheque por una cantidad mayor al balance de su cuenta?
8. ¿Qué otros servicios que no hemos mencionado presta un banco?

FORMACION DE PALABRAS

La mayoría de las palabras españolas de origen árabe tienen el prefijo **al-**, porque **al** era el artículo en su idioma original. Por ejemplo: alcancía, almohada. Algunas de estas palabras tienen cognadas en inglés: alcanfor, alcohol, alcoba, álgebra, alfalfa, almanaque, almirante, alquimia.

¿Cuáles de estas palabras conoce Ud.?

1. albóndiga	6. alfombra
2. alcalde	7. algodón
3. alcázar	8. almacén
4. aldea	9. almíbar
5. alfiler	10. alicates

Práctica

Escoja cinco palabras que comiencen con el prefijo **al-** y úselas en oraciones.

PALABRAS QUE SE CONFUNDEN

A. Actual(ly)

1. El equivalente de *actual* como sinónimo de "real, true," es **real, verdadero, -a.** *Actually* es **en realidad, verdaderamente.**

   Esa historia se basa en un hecho **real (verdadero).**
   That story is based on an actual happening.

   Si Ud. alquila la caja de seguridad, ahorrará dinero **en realidad.**
   If you rent the safety box you'll actually be saving money.

2. La palabra **actual** significa *present, current, contemporary.* **Actualmente** y **en la actualidad** significan *at the present time, nowadays.*

   Quiero saber el estado **actual** de mi cuenta.
   I want to know the current state of my account.

   Los intereses de las hipotecas están muy altos **en la actualidad.**
   Mortgage interests are very high at the present time.

B. To Save

1. *To save* como antónimo de "to use, spend, waste" es **ahorrar.**

    Guzmán **ahorra** la tercera parte de su sueldo.
    Guzman saves one third of his salary.

    Las computadoras les **ahorran** mucho trabajo a los bancos.
    Computers save the banks a lot of work.

2. *To save* como antónimo de "to throw away" es **guardar.**

    Mi madre **guarda** el papel y la cinta de los regalos que recibe.
    My mother saves the papers and ribbons from the gifts she gets.

3. Cuando *to save* significa *to rescue, to make safe from harm, loss, etc.* se usa **salvar** en español.

    El valiente niño **salvó** a la cajera del asaltante.
    The courageous boy saved the teller from the assailant.

Práctica

Exprese en español.

1. Actually, we must save water because it hasn't rained.
2. Save that application for next time.
3. You will save yourself a lot of trouble *(problemas)* tomorrow if you save money at the present time.
4. "God Save the Queen" is actually a very common expression in England.
5. The actual balance in your account is fifty-five cents.
6. If you want proof that you paid, save your canceled checks.

LOS MODISMOS DE HOY

pedir prestado, -a, -os, -as	*to borrow*
al cabo de + tiempo	*after + period of time*

Si **pido prestados** mil dólares al doce por ciento de interés, al cabo de un año deberé $1,120.
If I borrow one thousand dollars at twelve percent interest, I will owe $1,120 after one year.

Práctica

A. Reemplace la palabra en cursiva con las que se dan, haciendo los cambios necesarios en el modismo.

1. Marcos me pidió prestado *dinero.*
   (la caja de seguridad – mis ahorros – dos hojas de depósito)
2. ¿Qué harías si yo te pidiera prestada *tu chequera?*
   (un revólver – mil dólares – las sumadoras)

B. Complete, usando *al cabo de* y un período de tiempo.

1. El gerente del banco me atendió...
2. Había una cola muy larga. Por fin pude hacer mi depósito...
3. Abrió una cuenta de ahorros en marzo y la cerró...
4. La cajera hizo sonar la alarma y la policía llegó...
5. La niña terminó de contar las monedas que había en su alcancía...

PRACTICA DE VOCABULARIO

A. Complete con la palabra correcta.

1. Para poder hacer cheques es necesario tener una cuenta ____.
2. Cámbieme este billete, por favor, necesito ____ para la máquina de refrescos.
3. La puerta de la bóveda tiene una ____ de hierro.
4. Cuando hago un depósito en mi cuenta de ahorros, le doy al cajero mi ____ y él la pone al corriente.
5. Para enviar dinero a España hay que hacer un ____.
6. La mitad del dinero de la letra era para los intereses y la otra mitad era para pagar el ____.
7. La persona que garantiza el préstamo de otra persona se llama ____.
8. Guardo mis joyas y papeles importantes en una ____.
9. El chico rompió su ____ y se gastó todo el dinero en dulces.
10. El dinero que presta el banco usando una casa como garantía es una ____.
11. Si el balance de mi cuenta es menor que la cantidad que escribí en mi cheque, habré dado un ____.
12. Un cheque que no se hace a nombre de una persona determinada es un cheque al ____.

B. Haga oraciones combinando un verbo de la columna **A** y una palabra de la columna **B.** No use el tiempo presente.

A	B
alquilar	hipoteca
asaltar	acciones
endosar	cheque
firmar	cajero
invertir	caja de seguridad
pedir prestado	cliente
poner al corriente	planilla
sospechar	estado de cuenta

CREACION

Imagine que Ud. trabaja como cajero(a) en este banco y complete el siguiente diálogo entre Ud. y el asaltante:

Asaltante —No ponga la mano en la alarma, porque tengo una bomba en la bolsa.

Ud. —

Asaltante —Si se mueve o intenta algo la hago explotar y moriremos todos.

Ud. —

Asaltante —Deme todo el dinero que tenga en la gaveta.

Ud. —

Asaltante —Deje los billetes pequeños, no valen la pena, sólo quiero billetes grandes.

Ud. —

Asaltante —No me importa que la cámara me retrate. Llevo maquillaje y gafas oscuras y nadie me reconocerá.

Ud. —

Asaltante —Me iré muy lejos y no me capturarán nunca.

Ud. —

Asaltante —No hable más y acabe de darme el dinero.

Añada ahora un párrafo, explicando cómo terminó este episodio.

TEMAS Y SUGERENCIAS

1. Imagine cómo sería el mundo de los negocios si no hubiera bancos, y escriba un cuento con el título: "La ciudad que no tenía bancos."
2. Desarrolle el tema: "Cómo utilizaría yo los servicios de un banco si ganara $100,000 en la lotería."
3. ¿Es realmente absurdo que el hombre de los harapos tenga tanto dinero? La clase comentará los casos frecuentes que aparecen en los periódicos de personas aparentemente pobrísimas, pero que son en realidad muy ricas.
4. Por qué me gustaría (o no me gustaría) ser cajero(a).
5. Dilema: Ud. pasa por una terrible crisis económica y decide sacar sus últimos $50 de la cuenta de ahorros. El cajero es un hombre irresponsable que está borracho y, como ve doble, le da $500 en vez de $50. Esa es precisamente la cantidad que Ud. necesitaría para pagar todas sus deudas. ¿Qué hace Ud.? a) No toma el dinero y le explica su error al cajero. b) Toma el dinero, considerándolo un préstamo que devolverá tan pronto como pase la crisis. c) Toma el dinero, diciéndose que se lo ha enviado el destino y que la culpa es del hombre por estar borracho y del banco por no supervisar bien a su personal. Explique las razones de su decisión.

Acuario es un signo que implica sed de conocimiento. Además de lo idealistas que son los hombres y las mujeres de este signo, son reformistas, altruistas, diplomáticos, románticos y con gran magnetismo personal. Son revolucionarios, desafían las tradiciones sociales y tienen un gran sentido de originalidad e inventiva.

Ven y encuentra tu alcancía zodiacal en cualquier sucursal del Multibanco Comermex, entre el 20 de enero y el 17 de febrero y regálasela a tu Acuario favorito.

Realiza tus sueños. Emplea la fuerza del ahorro y con solo abrir o incrementar tu cuenta de ahorro con $ 500 o más, llévate un atractivo y decorativo poster de Acuario.

AHORREMO$$$

Multibanco Comermex

ACUARIO VEN...TE APOYAMOS!

Aut. 60111 40290

COMENTARIO CULTURAL

¿Cree Ud. que es buena idea el que un banco ofrezca una alcancía y un "poster" del signo zodiacal? ¿Por qué tendrá este banco que cambiar su anuncio todos los meses? Si Ud. abriera una cuenta en el banco "Comermex", ¿en qué mes la abriría? ¿Por qué? Si es Ud. un acuario, ¿está de acuerdo con la descripción que aquí se hace de las personas de su signo? Si no lo es, ¿cómo modificaría este anuncio para adaptarlo a su propio signo zodiacal?

¿Ofrecen alcancías como regalo los bancos de su pueblo o ciudad? ¿Qué ofrecen? ¿Qué hay que hacer para recibir un regalo en esos bancos?

XYZ
NO PASE

ESCENA 19

ACCIDENTES Y DESASTRES

VOCABULARIO

barrier, "horse" **la barrera**
corner **la esquina**
crash **el choque**
cross **la cruz**
crowd **la muchedumbre**[1]
damage **la avería**
demolished (car) **destrozado**
dented **abollado, -a**
distracted, absent-minded **distraído, -a**
earthquake **el terremoto**[2]
feat (deed) **la hazaña**
fight **la riña**
fire **el incendio**[3]
fire alarm **la alarma de incendios**
fire escape **la escalera de incendios**
fire truck **el camión de bomberos**
fireman **el bombero**
fist **el puño**
flames **las llamas**
flood **la inundación**
Help! **¡Auxilio! ¡Socorro!**
hose **la manguera**
hurt (seriously) **herido, -a (de gravedad)**
joke, prank **la broma**
lid **la tapa**
manhole **el registro**
matches **los fósforos**[4]
net **la red**
paramedic, male nurse **el enfermero**
pedestrian **el, la peatón**
railing **la baranda**
short circuit **el cortocircuito**
smoke **el humo**
stretcher **la camilla**
suicide (act) **el suicidio;** (person) **el, la suicida**

Palabras cognadas: la ambulancia, el ciclón, los curiosos, electrocutarse, el héroe, la heroína, el hidrante, el huracán, intervenir, la sirena, el tornado, la víctima

[1]la multitud [2]el temblor de tierra [3]el fuego [4]las cerillas (Esp.)

to be struck by lightning **caer(le) un rayo (a uno)**
to breathe **respirar**
to burn **quemar(se)**
to collapse (a wall, building, etc.) **derrumbarse**
to crush **aplastar**
to drown **ahogarse**
to get out of the way **apartarse**
to help **auxiliar**
to hit (run over) **atropellar, arrollar**
to hurt (oneself) (not seriously) **lastimar(se)**
to hurt someone (usually seriously) **herir**
to jump **saltar**
to prevent (from) **impedir(i)**
to scream **gritar**
to suffocate **asfixiarse**
to trip **tropezar (ie)**

Preguntas

1. ¿Cómo sabríamos que hay un incendio en el edificio, aun sin ver a los bomberos?
2. ¿Qué hace el bombero que se ve en la ventana?
3. Explique adónde sube el otro bombero y por qué.
4. ¿Para qué sujetan los bomberos la red?
5. Explique de qué manera sería diferente la operación de salvar a las víctimas si este edificio tuviera escalera de incendios.
6. Explique lo que hay en el poste de la esquina, y para qué sirve.
7. ¿Por qué muere mucha gente en los incendios, aun estando lejos de las llamas?
8. ¿Qué le va a pasar al joven que camina distraído?
9. ¿Para quién es la camilla que llevan los enfermeros?
10. ¿Es este hombre un suicida, se cayó accidentalmente, o le sucedió otra cosa? Explique en qué basa su opinión.
11. ¿Cómo podemos saber que el vehículo que está cerca de los enfermeros es una ambulancia?
12. ¿Por qué no puede acercarse la muchedumbre a la zona de los accidentes?
13. ¿Cómo sabemos que hay una riña entre los dos choferes?
14. ¿Qué clase de avería ha sufrido cada coche?
15. ¿De quién cree Ud. que es la culpa? ¿Por qué lo cree?
16. ¿Por qué no habrá intervenido el policía? ¿Qué cree Ud. que hará él?

Más Preguntas

1. ¿Por qué es peligroso usar las alarmas de incendios como broma?
2. ¿Cuáles son algunas de las posibles causas de un incendio?
3. ¿Ha habido un incendio en su casa? ¿En su barrio? ¿Dónde ha visto Ud. un incendio? Háblenos de él.
4. ¿Cuáles son algunos accidentes que pueden sucederle a un peatón?

5. Explique lo que debe hacer un chofer que va en su auto cuando oye una sirena.
6. ¿Cómo producen víctimas los ciclones y los tornados?
7. Explique qué desastre sucede cuando llueve demasiado, y lo que puede pasarles a las víctimas.
8. ¿Por qué es más terrible un terremoto en la ciudad que en el campo?

FORMACION DE PALABRAS

Los sufijos **-able, -ible** forman en español adjetivos de terminación común para el masculino y el femenino. Estos adjetivos frecuentemente tienen cognados en inglés. Por ejemplo: favorable, horrible, invencible, notable.

Práctica

Combine cada nombre con un adjetivo de una manera lógica, y haga después oraciones con ellos.

Modelo: El chofer no se hirió porque el parabrisas era de *cristal irrompible.*

1. cristal	responsable
2. persona	increíble
3. sustancias	insoportables
4. suceso	irrompible
5. incendio	innumerables
6. averías	inflamables
7. huracán	admirable
8. dolores	incontrolable
9. accidentes	considerables
10. hazaña	terrible

PALABRAS QUE SE CONFUNDEN

A. Corner

1. La palabra **esquina** es el equivalente general de *corner*. En el caso de *street corner* se usa también **esquina.**

El remite se escribe en la **esquina** superior izquierda del sobre.
The sender's address is written on the upper left corner of the envelope.

Vivo en la casa de dos pisos de la **esquina.**
I live in the two story house on the corner.

2. Cuando *corner* es sinónimo de "nook" se usa **rincón** en español.

   Cuando el niño vio las llamas se acurrucó en un **rincón** del cuarto.
   When the child saw the flames he crouched in a corner of the room.

B. To Hit

1. *To hit* como sinónimo de "to give a blow to", "to strike" es **dar** o **pegar.** La persona o cosa que recibe la acción es complemento indirecto, aunque en algunos casos estos verbos pueden ser también reflexivos.

   No creo que se le debe **pegar** a un niño.
   I don't believe one should hit a child.

   El hombre **se dio (se pegó)** en la cabeza contra la acera.
   The man hit his head against the sidewalk.

2. *To hit* en el sentido de "to collide with", "to crash into" es **chocar.** En el caso de un encuentro entre un vehículo y una persona o animal, se usa **atropellar** o **arrollar.**

   El otro vehículo **chocó** mi coche por detrás.
   The other vehicle hit my car in the back.

   Si cruzas en el medio de la calle te puede **atropellar (arrollar)** un coche.
   If you cross in the middle of the street a car can hit you.

3. Cuando *to hit* quiere decir "to get to what is aimed at", se usa **acertar** o **dar.** Estos verbos pueden tener complemento indirecto o combinarse con la preposición **en.**

   La segunda bala **acertó (dio)** en el blanco.
   The second bullet hit the bull's-eye.

Práctica

Complete con la expresión adecuada.

1. Había una alarma de incendios en un poste en...
2. No encontrábamos al gato porque estaba dentro del ropero, durmiendo en...
3. En el restaurante, queremos una mesa tranquila en...
4. Una mesa redonda no tiene...
5. Habrá una catástrofe enorme en el universo si dos planetas...
6. Los choferes no sólo peleaban de palabra sino que...
7. Juanita está en el hospital porque un camión...
8. ¡Esa es la respuesta correcta! Ud. ha...
9. Esto es lo que quedó del coche después del accidente, y ése es el edificio contra el cual...
10. Muchas mujeres se divorcian de sus maridos porque ellos...

LOS MODISMOS DE HOY

echar(le) la culpa (a uno)	*to blame (someone)*
no tener nada que ver con	*to have nothing to do with*

El hombre **le echó la culpa** del accidente al otro chofer.
The man blamed the other driver for the accident.

El cortocircuito **no tuvo nada que ver con** el fuego.
The short circuit had nothing to do with the fire.

Práctica

A. Cambie las palabras en cursiva, adaptando las oraciones a las personas que se indican.

1. *Le* echaban la culpa del incendio *al chico del segundo piso.* (Yo – tú – nosotras – vosotros – ellas)
2. Se *les* echó la culpa *a los peatones.* (Yo – tú – Joaquín – nosotros – vosotras)

B. Haga oraciones en el imperfecto, combinando los dos elementos que se dan con *no tener nada que ver con.*

1. el humo que salía por la ventana / el incendio
2. la sangre que había en el suelo / la herida de la víctima
3. las casas derrumbadas / el terremoto
4. la ambulancia / los bomberos
5. la defensa abollada del coche / el choque

PRACTICA DE VOCABULARIO

A. Sustituya las palabras en cursiva sin cambiar el significado de la narración.

La gente miraba *el fuego,* pero no podía pasar porque *un obstáculo* se lo impedía. El bombero subía para *ayudar* a una de las víctimas, que gritaba *¡Auxilio!* desde una ventana. Otra víctima se asomaba también a la ventana, porque dentro *no podía respirar* con el humo.

Había un hombre en la acera, pero no parecía haberse *lanzado* voluntariamente. Era posible que un pedazo de la baranda le hubiese *dado* en la cabeza. El hombre parecía herido *muy seriamente.*

Un poco más allá había *una pelea* de dos hombres, que levantaban *las manos cerradas* de manera amenazante. Eran los protagonistas de *un accidente* en el que ambos coches habían sufrido *daños* considerables. El policía les dijo que *no obstruccionaran la calle.*

B. Haga una oración con cada uno de los siguientes verbos. No use el tiempo presente.

1. ahogarse
2. apartarse
3. caerle un rayo
4. derrumbarse
5. herir
6. impedir

TEMAS Y SUGERENCIAS

1. Los estudiantes representarán en clase una escena teatral cuyos personajes serán los dos automovilistas y el policía.
2. Cuéntele a la clase un accidente automovilístico que tuvo Ud. o alguien que conoce.
3. La gran mayoría de los accidentes serios pasan en el hogar. Haga una lista explicando las diferentes cosas que pueden pasarle a una persona sin salir de su casa.
4. Escoja un desastre impresionante, real o imaginario, y escriba un reportaje sobre el mismo como si Ud. fuera un(a) periodista que visita el lugar del suceso (event).
5. El trabajo de un camillero o enfermero de ambulancias es difícil, pero interesante. Haga un resumen de un día en la vida de una de estas personas.
6. Escriba un cuentecito sobre una hazaña y sobre el héroe (o heroína) que la realizó.

COMENTARIO CULTURAL

Este friso *(frieze)* de las ruinas mayas de Cobá representa grandes desastres: un volcán hace erupción, un edificio o pirámide se derrumba y hay una inundación. Los mayas tenían en sus tradiciones la leyenda de un cataclismo que destruyó su tierra de origen llamada Atlán, y muchos ven en ésta la legendaria Atlántida *(Atlantis)*.

Describa este friso. ¿Cuál es su impresión del mismo? ¿ Cree Ud. que Atlántida existió en realidad? ¿Será su destrucción lo que se ve en esta escena? ¿Qué sabe Ud. de esta leyenda? ¿Cree que hay alguna relación entre los mayas y la destrucción de Atlántida?

Photo from *The Bermuda Triangle*, courtesy of J. Manson Valentine.

RADIOGRAFIAS
LABORATORIO
SALA DE BEBÉS
317
318
CIRUGÍA
SALA DE ESPERA↓
CONSULTORIOS
ASCENSORES→
INFORMACIÓN

ESCENA 20

EL HOSPITAL

VOCABULARIO

birth **el nacimiento**
bone (broken) **el hueso (roto)**
cage **la jaula**
chest **el pecho**
chicken pox **la varicela**
cotton **el algodón**
cough **la tos**
fatigue **el cansancio**
forceps **las pinzas**
gall blader **la vesícula**
germs **los microbios**
gloves (rubber) **los guantes (de goma)**
gown **la bata**
guinea pig **el conejillo de Indias**
illness **la enfermedad**
kidneys **los riñones**
lungs **los pulmones**
mask **la máscara**
maternity ward **la sala de maternidad**
measles **el sarampión**
mumps **las paperas**
operating room (table) **el salón (la mesa) de operaciones**
pills **las pastillas**[1]
prescription **la receta**
recovery room **el cuarto de recuperación**
red blood cells (white) **los glóbulos rojos (blancos)**
sample **la muestra**
smallpox **la viruela**
sneeze **el estornudo**
surgeon **el cirujano**
surgeon's hat **el gorro (del cirujano)**
surgeon's knife **el bisturí**
syringe **la jeringuilla**
test (blood) (urine) **el análisis (de sangre) (de orina)**
tonsils **las amígdalas**
triplets **los trillizos**
visiting hours **las horas de visita**
wheel chair **la silla de ruedas**
wound **la herida**
X-rays **la radiografía**

Palabras cognadas: el alcohol, la anestesia local (general), los antibióticos, el apéndice, el cáncer, el cloroformo, contagioso,-a, desinfectar, la diabetes, estéril, el estetoscopio, el estómago, la fractura, el gas, la hernia, la inyección, el laboratorio, el microscopio, el (la) paciente, el polen, la transfusión, el transplante

[1]las píldoras

to be anemic **tener anemia**
to cough **toser**
to faint **desmayarse**
to fill in your medical history **llenar su hoja clínica**
to give birth **dar a luz**
to give an injection **poner(le) una inyección**
to give glucose **poner(le) suero**
to give stitches **poner(le) puntos**
to have an allergy **padecer (zc) de alergia**
to have a cold (the flu) **tener catarro (gripe)**
to have a fever (a sore throat) **tener fiebre (dolor de garganta)**
to inoculate, vaccinate **vacunar**
to operate on **operar**
to prescribe **recetar**
to sneeze **estornudar**
to take (one's) blood pressure **tomar(le) la presión**

Preguntas

1. ¿Qué clase de información se les da a los visitantes en el mostrador de información?
2. ¿Qué le está haciendo el médico al paciente en el consultorio?
3. ¿Adónde irá el hombre que lleva el ramo de flores?
4. ¿Será una visitante la niña que lleva de la mano la enfermera? Explique en qué basa su opinión.
5. ¿Dónde están los cirujanos y qué hacen?
6. Explique lo que llevan los cirujanos en el salón de operaciones y por qué.
7. ¿Cuáles son algunos instrumentos que usa un cirujano?
8. ¿Qué operaciones pueden estarle haciendo al paciente, y cuáles no?
9. Diga qué cuarto está junto al salón de operaciones, y lo que le hacen allí al paciente.
10. ¿Por qué estarán en el hospital las pacientes del tercer piso?
11. Explique lo que hace la enfermera en la sala de bebés y la reacción del hombre.
12. ¿Qué entretenimiento tienen respectivamente las pacientes de los cuartos 317 y 318?
13. ¿Adónde llevarán a la paciente en la silla de ruedas? ¿Para qué la llevarán?
14. ¿Qué tipo de radiografía le pueden estar haciendo al paciente?
15. Explique qué animales habrá en el laboratorio y por qué estarán allí.
16. Explique lo que estarán haciendo, en su opinión, los laboratoristas.

Más Preguntas

1. ¿Cuáles son algunos de los datos que anota una enfermera en la hoja clínica?
2. ¿Cuáles son las enfermedades más comunes en los niños?
3. ¿Qué clases de análisis se hacen más frecuentemente en el laboratorio de un hospital?
4. ¿Se vacuna Ud. a veces? ¿Por qué o por qué no?

5. ¿Cuál es la diferencia entre anestesia general y anestesia local?
6. ¿Cuáles son las ventajas y desventajas de tener un cuarto privado en un hospital?
7. ¿Qué se necesita para ponerle una inyección a un paciente?
8. ¿Por qué muchas personas estornudan en la primavera aunque no tengan catarro?

FORMACION DE PALABRAS

Tanto en español como en inglés, muchos términos médicos se han formado por derivación del latín y el griego. Estos términos son similares en ambos idiomas, aunque tienen diferencias de pronunciación y de ortografía. Por ejemplo:

A. Las combinaciones *chl, rh* y *th* se escriben sin *h* en español.
   anestesia, artritis, clorofila, cloroformo, estetoscopio, reumatismo.

B. La combinación *ph* se escribe con *f*.
   esófago, hemofilia, sífilis

C. La *s* inicial se convierte en *es* cuando va seguida de consonante.
   escalpelo, esclerosis, espasmo, espina dorsal, esqueleto, esquizofrenia, estómago

Práctica

Escoja una palabra de cada grupo y haga una oración con ella.

PALABRAS QUE SE CONFUNDEN

To Fail

1. *To fail to do something* se expresa en español con la forma negativa del verbo.

   Su familia **no** se daba cuenta de lo enferma que ella estaba.
   Her family failed to realize how sick she was.

2. El equivalente de *not to fail to do something* es el modismo **no dejar de + infinitivo.**

   No deje Ud. **de tomar** las pastillas todos los días.
   Do not fail to take the pills every day.

3. *To fail* como sinónimo de "not to succeed" es fracasar.

   Todos los intentos de revivir al paciente **fracasaron.**
   All the attempts to revive the patient failed.

4. *To fail* como sinónimo de "to lose strength", "to become weak or faint within", "to stop functioning suddenly" es **fallar.**

   Traté de levantarme, pero me **fallaron** las fuerzas.
   I tried to get up but my strength failed me.

   La máquina de oxígeno **falló** en medio de la operación.
   The oxygen machine failed in the middle of the operation.

5. En el caso de un estudiante que toma un examen o curso, el equivalente más común de *to fail* es **salir mal (en).**

    Saldrás mal en el español si no estudias.
    You will fail Spanish if you don't study.

6. En el caso de *to fail someone (in a subject)* existen diferentes expresiones, pero el verbo más común es **suspender.**

    Tres profesores me **suspendieron** el semestre pasado.
    Three teachers failed me last semester.

Práctica

Exprese en español.

1. His heart may fail if we operate on him now.
2. A good doctor never fails to visit his patients.
3. I fail to see the need to call an ambulance.
4. He is very sad because he failed the test.
5. The accident happened because his brakes failed.
6. If you don't come to class, Professor Jiménez may fail you.
7. Don't fail to call me if you have a fever.
8. Many kidney transplant operations have failed.

LOS MODISMOS DE HOY

doler (le) (a uno) (un brazo, la cabeza, la espalda, el estómago, los huesos, el hígado, una mano, los oídos, los pies)
to hurt (ache) (pain) (one's) (arm, head, back, stomach, bones, liver, hand, ears, feet)

A ella le duele hoy **una mano,** pero ayer **le dolían los pies.**
Her hand hurts today but yesterday her feet hurt.

(no) caer(le) bien (mal) (a uno) *(not) to agree (with one)*

Me duele el estómago, la cena **me cayó mal.**
I have a stomachache; dinner didn't agree with me.

Práctica

Conteste con oraciones completas.

1. ¿Sabe Ud. si a mí me dolía la cabeza ayer?
2. ¿Qué le duele a Ud. cuando tiene gripe?
3. ¿Es verdad que después de un concierto de rock le duelen los oídos al público?
4. ¿Le duele a Ud. a veces la espalda?
5. ¿Le han dolido a veces los pies? ¿Cuándo?
6. ¿Será cierto que a las personas enamoradas les duele el corazón?

7. ¿Le cae mal a Ud. a veces lo que come?
8. ¿Qué tomamos cuando nos cae mal la comida?
9. ¿Qué le cae mejor a una persona que tiene catarro: una bebida caliente, o una bebida fría?
10. Si no me cayó bien la comida, ¿me dolerá el estómago o me dolerá el hígado?

PRACTICA DE VOCABULARIO

A. Escoja la expresión verbal apropiada para completar cada oración, utilizándola en el tiempo y persona correctos.

desinfectar con alcohol – tener catarro – desmayarse – dar a luz – padecer de alergia – operar con urgencia – vacunarse contra la viruela – tener anemia – poner una inyección – llenar la hoja clínica

1. No puedo ir a la fiesta porque hay muchas flores y yo...
2. El doctor me recetó píldoras de hierro porque...
3. Es posible que la Sra. Molina ya...
4. La noticia de que era padre lo sorprendió tanto que...
5. El niño temía que la enfermera...
6. Mi novio estornudaba y tosía porque...
7. Como tenía apendicitis aguda (acute) los médicos decidieron...
8. Lo primero que hizo la enfermera cuando me senté, fue...
9. Había una epidemia y se recomendaba que los niños...
10. Antes de cortar, el médico tomó el bisturí y...

B. Haga un comentario original usando cada uno de los siguientes pares de palabras.

1. bata / cirujano
2. muestra / microscopio
3. enfermedad / microbios
4. máscara / anestesia
5. vesícula / mesa de operaciones
6. pulmones / radiografía

CREACION

La esposa del Sr. Melón está en el hospital, adonde fue a dar a luz. El Sr. Melón la visita. Complete este diálogo con lo que él diría.

Sr. Melón —

Esposa —Estoy muy bien, querido, aunque un poco cansada.

Sr. Melón —

Esposa —Di a luz a las diez de la mañana.

Sr. Melón —

Esposa —Sí, yo le pedí al doctor que te llamara para decirte que todo había salido bien y que eras padre, pero que me permitiera a mí darte los detalles.

Sr. Melón —

Esposa —No, no te alarmes, no es nada de eso.

Sr. Melón —

Esposa —No, te repito que no te alarmes. Tus hijas son normales y están muy bien, son unas niñas preciosas.

Sr. Melón —

Esposa —Usé el plural y dije "hijas" porque tienes más de una.

Sr. Melón —

Esposa —La primera se llamará "Rosalía" como tu madre, pero necesitamos otros nombres.

Sr. Melón —

Esposa —No dije "nombre", dije "nombres" en plural.

Sr. Melón —

Esposa —¡Qué suerte hemos tenido, mi vida! Un solo gasto de hospital, un solo pago de honorarios al médico, y tres preciosas hijas. Es como pagar por un artículo en la tienda y que te den dos artículos adicionales gratis.

Sr. Melón —

Esposa —¡José! ¡José! ¿Qué te pasa? ¡Háblame, por favor! ¡Enfermera! ¡Enfermera! Pronto, que mi esposo se ha desmayado.

TEMAS Y SUGERENCIAS

1. Describa sus síntomas la última vez que tuvo catarro o gripe, o cuéntele a la clase sobre una vez que fue al médico.
2. Se comentará el tema: "¿Debe prolongarse la vida de los enfermos incurables?"
3. Escriba o exprese oralmente una narración con el título: "Una visita que hice al hospital."
4. El aumento actual de los nacimientos múltiples, y los problemas especiales que tienen los padres en estos casos.
5. Los problemas de los pobres de nuestro país cuando se enferman, y sus posibles soluciones, tales como la socialización de la medicina.

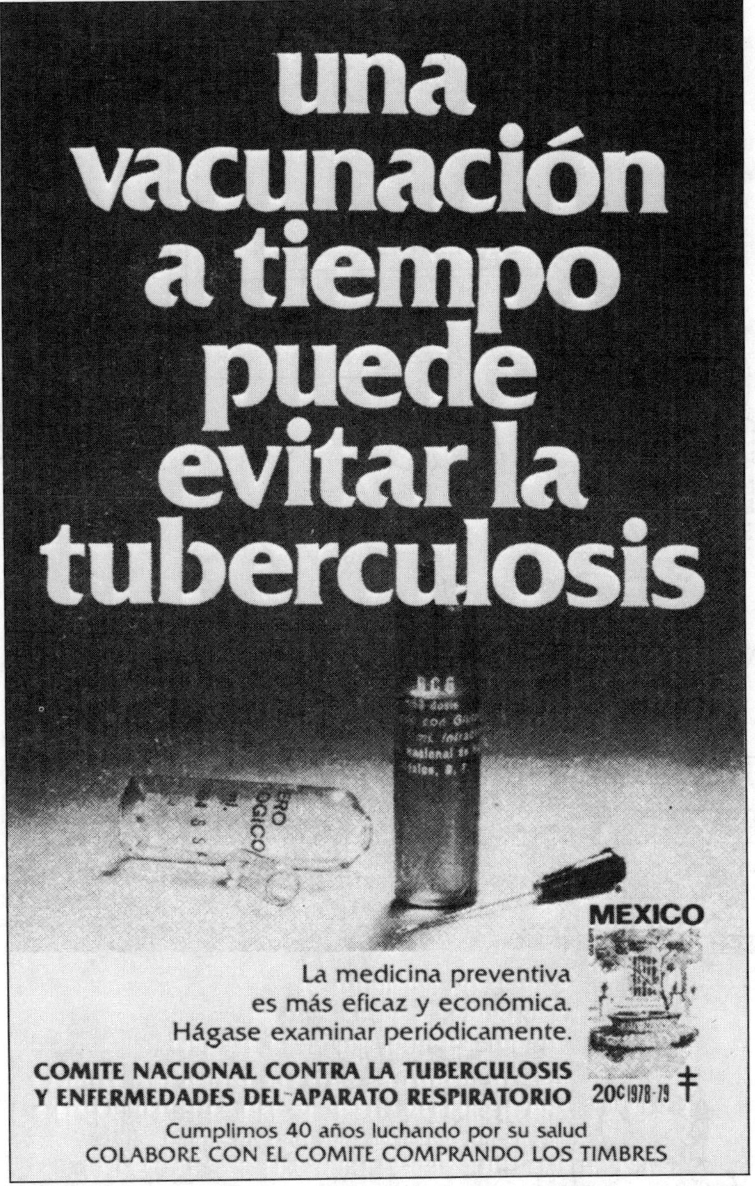

COMENTARIO CULTURAL

¿Está Ud. de acuerdo con lo que dice el anuncio de que la medicina preventiva es más económica? ¿Por qué? ¿Se ha vacunado Ud. contra la tuberculosis alguna vez? ¿Sabía que era posible hacerlo? ¿Contra qué enfermedades se ha vacunado siendo adulto? ¿Y cuando era niño?

¿Qué otra palabra se usa en español como sinónimo de "timbres"? ¿Hay timbres en nuestro país para luchar contra la tuberculosis? ¿Los ha usado Ud.? ¿Cómo se consiguen? ¿Qué vacunas ha visto Ud. anunciadas en los Estados Unidos? ¿Qué decían esos anuncios?

LISTA DE PRECIOS
CHAMPÚ Y PEINADO 6
MANICURE 4
PERMANENTE 25
CORTE Y ESTILO 10
TINTE (1º VEZ) 12
TINTE (RETOQUE) 7
CEJAS 5

ESCENA 21

LA PELUQUERIA UNISEXO

VOCABULARIO

bangs **el flequillo**[1]
blond(e) **rubio, -a**
bobby pin **el ganchito**
bowl **el pozuelo**
braid **la trenza**
broom **la escoba**
brown (light) (dark) **castaño (claro) (oscuro)**
bun **el moño**
clip **la presilla**
curl **el rizo**
curly **rizado, -a**
cut **el corte**
dust pan **el recogedor**
dye **el tinte**
ear protectors **las orejeras**
ends **las puntas**
eyebrow **la ceja**
file **la lima**
hair dryer **el secador**
hair net **la redecilla**
hair pin **la horquilla**
hair spray **la laca**
hair style; "set" **el peinado**
hairdresser **el (la) peluquero, -a**
middle length **de largo intermedio**
nail polish **el esmalte (para las uñas)**
nail polish remover **la acetona**[2]
part (down the middle) (to the side) **la raya (al medio) (al lado)**
pony tail **el rabo de caballo**
redhead **el (la) pelirrojo, -a**
rinse **el enjuague**
rollers **los rulos**
roots **la raíz**
sideburns **las patillas**
shave **el afeitado**
straight (hair) **lacio**[3]
touch up **el retoque**
trim **el recorte**
white hair **la cana**
wig **la peluca**

Palabras cognadas: la capa, la cutícula, el champú, la manicura, el (la) manicurista, el masaje, el (la) permanente

[1]el cerquillo [2]el quitaesmalte [3]liso

to bleach **decolorar**
to blow dry **secar con secador de mano**
to curl **rizar**
to dye **teñir (i)**
to file **limar**
to lather; to apply shampoo **enjabonar**
to remove **quitar**
to rinse **enjuagar**
to rub **frotar**
to set **amoldar**
to soak **poner en remojo**
to soften; to smooth **suavizar**
to straighten (hair) **alisar**
to sweep **barrer**
to tangle **enredarse**
to touch up **retocar**
to trim **recortar**

Preguntas

1. Explique lo que hace la peluquera que está en primer plano, a la derecha, y lo que ha usado ella para su trabajo.
2. ¿Por qué habrá una revista cerca de la peluquera?
3. ¿Cree Ud. que el joven de la barba es un cliente? ¿En qué basa su opinión?
4. ¿Por qué hay un pozuelo en la mesita de la manicurista?
5. ¿Qué hace ella en este momento?
6. ¿Cómo quitó ella el esmalte viejo de las uñas de la clienta?
7. Explique lo que hacen las peluqueras que se ven al fondo.
8. ¿Qué clientes llevarán redecilla y orejeras? ¿Por qué?
9. Según la lista de precios, ¿cuál es el servicio más barato y cuál es el más caro?
10. ¿Por qué cuesta menos el retoque que el tinte que se da por primera vez?
11. ¿Cómo podemos suponer que algunas clientas de esta peluquería usan peluca?
12. ¿Qué le hace el peluquero al hombre?
13. De los servicios que recibe un hombre en una barbería, ¿cuál no se da generalmente en una peluquería unisexo?
14. ¿Quién tiene una trenza? ¿Moño? ¿Flequillo?
15. ¿Cómo sabe Ud. que la mujer que habla con la mujer que está en el secador no es una cliente?
16. ¿Cómo sabemos que estas dos mujeres están hablando muy alto?

Más Preguntas

1. ¿De qué dos maneras puede uno amoldarse el pelo después que se lava la cabeza?
2. Explique cómo les lavan la cabeza a los clientes en una peluquería.
3. Explique cómo puede tener pelo rizado una persona de pelo lacio, y viceversa.
4. ¿Se peina Ud. con la raya al medio? ¿A un lado? ¿Sin raya?

5. ¿Sabe Ud. por qué la raya se hace generalmente al lado izquierdo?
6. ¿Es Ud. rubio(a)? ¿Tiene el pelo castaño? ¿Rojo? ¿Tiene el pelo rizado o lacio? ¿Rizado natural?
7. ¿Cree Ud. que está bien que un hombre se haga permanente? ¿Que se alise el pelo? ¿Que se lo tiña? Explique su opinión.
8. ¿Por qué hay que barrer muy frecuentemente en una peluquería?

FORMACION DE PALABRAS

Muchos adjetivos ingleses se forman combinando dos palabras y añadiéndole a la segunda de ellas el sufijo *-ed.* En español se forma una frase adjetival con la preposición *de,* y en unos pocos casos, también una palabra compuesta: de ojos azules, ojiazul *(blue-eyed);* de color oscuro *(dark-colored);* de color claro *(light-colored);* de pelo claro *(light-haired);* de buen corazón *(kind-hearted);* de mangas largas *(long-sleeved);* de pelo rojo, pelirrojo *(red-haired);* de pelo rubio, pelirrubio *(blonde-haired).*

Práctica

Exprese en español.

A blue-eyed, light-haired girl, wearing a long-sleeved blouse and a rose-colored bag, came with the red-bearded man.

PALABRAS QUE SE CONFUNDEN

A. Appointment

1. En una peluquería y en el consultorio de un médico o dentista, el equivalente más común de *appointment* es **turno.**

   En nuestra peluquería no necesita Ud. sacar **turno.**
   You don't need to get an appointment at our beauty parlor.

   Llama al consultorio del Dr. Cabrera y pide un **turno** para las tres.
   Call Dr. Cabrera's office and ask for an appointment for three o'clock.

2. La palabra **cita** significa *date,* pero se usa también para entrevistas de tipo social o de negocios.

   Muchos enamorados se daban **cita** en aquel parque.
   Many lovers used to meet at that park.

   Tengo una **cita** con el Decano a las diez y media.
   I have an appointment with the Dean at ten thirty.

3. **Nombramiento** significa *appointment to a position.*

   Felicitamos a Aurora por su reciente **nombramiento.**
   We congratulated Aurora on account of her recent appointment.

B. Straight

1. *Straight hair* es **pelo lacio** y también **pelo liso.**

   El **pelo lacio** no está tan de moda hoy como hace algunos años.
   Straight hair is not as much in style today as it was a few years ago.

2. En el caso específico de una línea,[4] o de la impecable conducta de una persona, se usa **recto, -a.**

   Se necesita una regla para trazar una línea **recta.**
   One needs a ruler to draw a straight line.

   El padre de Perico era un hombre **recto.**
   Perico's father was an upright man.

3. **Derecho, -a** es lo opuesto de "torcido o doblado" ("crooked or bent"). Combinado con un verbo de movimiento, **derecho** significa *straight ahead.*

   Siéntate **derecho,** niño.
   Sit straight, boy.

   Cuando llegue a la esquina no doble, siga **derecho.**
   When you get to the corner do not turn, continue straight ahead.

Práctica

Complete con el equivalente de *appointment* o *straight.*

1. Tengo un ____ en la peluquería para el sábado.
2. Rosita tiene una ____ con su novio esta noche.
3. El caso es de emergencia y el doctor lo atenderá aunque no tenga ____.
4. El ____ de Carlos Vargas como gerente sorprendió a muchos.
5. La línea ____ es la distancia más corta entre dos puntos.
6. Siempre me voy ____ a casa cuando salgo de la escuela.
7. Ella es una persona muy ____ y no aceptará ofrecimientos deshonestos.
8. El cuadro está torcido, ponlo ____.
9. Sofía siempre se hace permanente porque tiene el pelo muy ____.
10. Si sigues ____ por esta calle, llegarás más rápido a la plaza.

LOS MODISMOS DE HOY

tocar (le)(el turno)(a uno)[5] — *to be one's turn*

¿A quién le toca ahora? A ese caballero.
Whose turn is it now? That gentleman's.

[4]¡Cuidado! **Ángulo recto** no significa "straight angle" sino *right angle.* [5]Este modismo usa la construcción de **gustar.**

a fines de	*toward the end, late in*
a mediados de	*about or around the middle of*
a principios de	*at the beginning of, early in*

Estos modismos se usan con **semana, mes, año** y **siglo.**

Práctica

A. Adapte las oraciones siguientes a las personas: tú, Ud., esa señora, nosotros, vosotras.

1. *Me* toca *a mí* ahora; *yo llegué* primero.
2. No *me* gusta esperar; ojalá *me* toque pronto el turno.

B. Conteste las preguntas de manera negativa usando otro modismo, como se hace en el modelo.

Modelo: ¿Quiere Ud. un turno para **fines de semana?**
No, lo quiero para mediados de semana.

1. ¿Usaban rabo de caballo las chicas a principios de siglo?
2. ¿Se tiñó Carlota el pelo a mediados del mes pasado?
3. ¿Tienes vacaciones a fines de enero?
4. ¿Celebra Andrés su cumpleaños a fines de año?
5. ¿Va a la peluquería a principios de semana la mayoría de la gente?

PRACTICA DE VOCABULARIO

A. Decida qué verbos de la columna *B* están relacionados con cada línea de la columna **A.**

A	B
1. un lavado de cabeza	amoldar
2. un peinado	enjabonar
3. el color del pelo	enjuagar
4. una manicura	frotar
5. el largo del cabello	limar
6. un afeitado	poner en remojo
	recortar
	retocar
	rizar
	teñir

B. Reemplace las expresiones en cursiva con palabras sinónimas.

1. Muchas mujeres se hacen permanente porque no les gusta el pelo *liso.*
2. Su pelo es muy oscuro, debe Ud. *quitarse el color.*
3. Ella siempre se peina con *el cabello partido* al medio.
4. Muchas personas jóvenes tienen *cabellos blancos* prematuramente.
5. Es calvo y siempre usa *pelo artificial.*
6. Después de cortarme la cutícula, la manicurista me puso *pintura* en las uñas.
7. Con este enjuague no se le enredarán *los extremos* del pelo.
8. La chica llevaba un peinado con *el pelo sobre la frente.*
9. Esta crema es excelente para *poner suaves* las manos.
10. El cliente quería recortarse *el pelo delante de las orejas.*

TEMAS Y SUGERENCIAS

1. Prepare una charla con el título: "Lo que me contó mi peluquero(a) (o mi barbero) la última vez que lo vi."
2. Accidentes y circunstancias que pueden hacer que una persona le ponga pleito (sue) a su peluquero(a).
3. Compare los peinados que se usan ahora y los que usaban su madre y su padre cuando tenían veinte años, y explique cuáles le parecen más atractivos y por qué.
4. ¿Se teñirá Ud. el pelo cuando tenga canas? ¿Usará peluca si es calvo(a)? ¿Se afeitaría Ud. la cabeza como Yul Bryner o Kojack? Los estudiantes contestarán estas preguntas y explicarán el porqué de sus respuestas.

COMENTARIO CULTURAL

Lo mismo que en los Estados Unidos, en los países hispánicos los hombres se preocupan hoy mucho más por el aspecto de su cabello de lo que se preocupaban en el pasado. Por eso es común encontrar anuncios como éste, dirigidos a ambos sexos.

La palabra *cabeza* se usa aquí con varios signficados diferentes. ¿Puede Ud. explicarlos? Fíjese también en la manera en que está escrita aquí la palabra *champú*. En las palabras relacionadas con productos de belleza, es frecuente encontrar influencia del inglés.

¿Cuál de estas clases de champú sería más adecuada para el cabello de Ud.? ¿Selecciona Ud. su champú con cuidado, o usa cualquier marca? ¿Por qúe?

quebradizo **brittle**
delgado **thin**
químicamente **chemically**
ampolleta **ampule**

Hombres y mujeres con cabeza
piensan en fermodyl*
Krauze Publicidad
La exclusiva linea de Shampoos que limpian, acondicionan y protejen el cabello para toda la familia
Shampoo 07 Para Cabello Quebradizo, Delgado o Deteriorado.
Shampoo Special Para Cabello Tratado Quimicamente.
FermoCaresse Shampoo Profesional en Crema.
shampoos fermodyl *Con los mismos Ingredientes de las famosas Ampolletas fermodyl*
fermodyl ...va a la cabeza
Marca Regs. Nos. 45799, 45803, 30002, T.S.S.A. GAI-306/D02 * Fermodyl es marca registrada Hecho en Mexico por Corvetta, S.A.

NO FUMAR

ESCENA 22

LA OFICINA

VOCABULARIO

aim **la puntería**
ball-point pen **el bolígrafo**
blotter **el secante**
boss **el (la) jefe, -a**
copier **la copiadora**
correction paper (fluid) **el papel (el líquido) corrector**
culprit **el, la culpable**
dart **el dardo**
dial (as in the copier) **el botón**
dice **los dados**
drawer **la gaveta**[1]
eraser **la goma (de borrar)**
errand **el mandado**[2]
crumpled **estrujado, -a**
file **el archivo**
folder **la carpeta**
hole **el agujero**
hole punch **la perforadora**
incorporated (Inc.) **sociedad anónima (S.A.)**
ink **la tinta**
ink pad **la almohadilla**
key (typewriter) **la tecla**
keyboard (typewriter) **el teclado**
messenger **el mensajero**
name plate **la placa**
order (commercial) **el pedido**
paper weight **el pisapapeles**
pencil sharpener **el sacapuntas**
pile **el montón**
ribbon (typewriter) **la cinta (de máquina)**
rubber band **la liga**
rubber stamp **el gomígrafo**
ruler **la regla**
shorthand pad **la libreta de taquigrafía**
staple; paper clip **la presilla**[3]
staple remover **el quitapresillas**[4]
stapler **la presilladora**[5]
stenographer **el (la) taquígrafo, -a**
tape **la precinta**
tray (mail) **la bandeja (de la correspondencia)**
typewriter **la máquina de escribir**
typist **el (la) mecanógrafo, -a**
typing **la mecanografía**
waste basket **el cesto de los papeles**

Palabras cognadas: la calculadora, la circular, la computadora, el dictáfono, el intercomunicador, el mimeógrafo, el papel carbón, la tilde

[1]el cajón [2]la diligencia [3]la grapa [4]el quitagrapas [5]la grapadora

to bet	**apostar (ue)**	to file	**archivar**
to correct	**corregir (i)**	to be left-handed	**ser zurdo, -a**
to be crooked	**estar torcido, -a**	to play with dice	**jugar a los dados**

Preguntas

1. ¿Qué objetos se ven sobre los dos escritorios que están en el primer plano?
2. ¿Cómo sabemos que el mecanógrafo no ha terminado su trabajo?
3. ¿En qué podemos basarnos para suponer que esta persona comete muchos errores y que tiene mala puntería?
4. ¿Cómo sabemos que este mecanógrafo es también taquígrafo?
5. ¿Para qué se usan las bandejas que se ven en el escritorio de la izquierda?
6. ¿Cómo sabemos que el hombre que habla por teléfono es muy perezoso?
7. Explique dónde se ve generalmente el nombre de los empleados de una oficina, y por qué no sabemos el nombre de los empleados que están en la escena.
8. ¿Cómo sabemos que alguien utilizó recientemente el archivo?
9. ¿Cómo se entretienen los dos empleados que están cerca del archivo?
10. ¿Por qué podemos suponer que ellos están apostando dinero?
11. ¿Qué hacen los empleados que están de pie, cerca de la puerta?
12. ¿Por qué el empleado que está junto a la copiadora hace algo que no debe hacer?
13. ¿Cómo se hacían las copias antes que hubiera copiadoras? ¿Era esto mejor o peor? Explique.
14. ¿Quién entra en estos momentos por la puerta? ¿Cómo lo ha identificado Ud.?
15. Explique lo que le ha sucedido al retrato, y quién es el culpable en su opinión.
16. ¿Hay aquí alguna persona zurda? ¿Cómo lo sabe Ud.?

Más Preguntas

1. Explique las diferentes maneras de corregir los errores cuando se escribe a máquina y cuáles usa Ud.
2. Dé ejemplos de los mandados que hace el mensajero.
3. ¿Qué diferencias hay en el teclado de una máquina de escribir en español y en inglés?
4. ¿Para qué se usa un intercomunicador? ¿Y un dictáfono?
5. Explique cómo se usa un gomígrafo y dé ejemplos de los casos en que se usa.
6. ¿Para qué sirven los botones de una copiadora?

7. ¿Por qué el secante de los escritorios no es hoy tan necesario como antes?
8. ¿Qué materiales de oficina hay generalmente en las gavetas de los escritorios?

FORMACION DE PALABRAS

En el vocabulario de la oficina hay varias palabras compuestas, que se forman combinando la tercera persona de un verbo con un nombre, y describen lo que el objeto que lleva ese nombre hace: el abrecartas, el pisapapeles, el quitapresillas (quitagrapas), el sacapuntas. Como Ud. sabe, estas palabras son masculinas y tienen una forma común para el singular y el plural.

Otras palabras indican también lo que hace el objeto, pero se forman de manera diferente, con las terminaciones **-or, -ora:** la calculadora, la (foto)copiadora, el intercomunicador, la perforadora.

Práctica

Escoja seis de estas palabras y haga una oración con cada una.

PALABRAS QUE SE CONFUNDEN

A. Key

La palabra *key* tiene varios equivalentes en español.

1. **Llave,** cuando se usa para abrir una cerradura.

   No sé dónde está la **llave** de mi escritorio.
   I don't know where my desk key is.

2. **Clave,** cuando representa la solución de un problema o misterio o tiene la idea de "clue". También en música: **la clave de sol,** *key of G.*

   Para comprender el mensaje se necesita saber la palabra **clave.**
   To understand the message one needs to know the key word.

3. **Tecla** en una máquina de escribir y un piano.

   Para escribir con mayúsculas debe Ud. apretar una **tecla** especial.
   To write in capitals you must press a special key.

4. **Cayo,** si nos referimos a una pequeña isla.

   Al sur de la Florida hay muchos **cayos.**
   There are many keys south of Florida.

B. Office

1. El lugar que se ve en la escena es una **oficina,** pero el inglés usa *office* para referirse a varios lugares que no son "oficinas" en español: *a doctor's office* es **consultorio,** *a dentist's office* es **consultorio** o **gabinete,** *a lawyer's office* es **bufete.**

   El **gabinete** de mi dentista y el **bufete** de mi abogado están en la misma calle.
   My dentist's office and my lawyer's office are on the same street.

2. *Office* se refiere también a un puesto en el gobierno. En este caso el español usa generalmente **cargo.**

Cuando el alcalde murió llevaba sólo dos meses en el **cargo.**
When the mayor died he had been in office for only two months.

Práctica

Exprese en español.

1. My typewriter has a special key with an accent.
2. The office of governor is the key position in our state.
3. My friend Cuquita works as a nurse at Dr. Soto's office.
4. I spent the whole afternoon at the dentist's office.
5. The lawyer lost the key to his office.

LOS MODISMOS DE HOY

(no) llevarse (bien)(con) *(not) to get along (well)(with)*

El jefe **no se lleva bien con** sus empleados.
The boss doesn't get along with his employees.

hacer(le) falta (a uno)[6] *to be necessary (for one)*

A Rosita **le hacían falta** unas vacaciones.
Rosie needed a vacation.

Práctica

Reemplace las palabras en cursiva para adaptar cada oración a las personas: yo, tú, Ud., nosotros.

1. *Los García* no *se llevan* bien con *sus* vecinos.
2. *¿Os lleváis* bien con *vuestros* compañeros?
3. *Ella se lleva* bien con todo el mundo.
4. ¿Qué *le* hace falta *a Carlos*?
5. *A él le* harán falta sobres grandes.
6. *A la secretaria le* hacían falta ligas.

PRACTICA DE VOCABULARIO

A. Decida a qué verbo se refiere cada una de estas definiciones y haga después una oración con cada verbo. No use el tiempo presente de indicativo.

1. Guardar los papeles en cierto orden para que sea fácil encontrarlos
2. Usar mejor la mano izquierda que la derecha
3. Indicar o quitar los errores
4. No estar derecho o en posición correcta
5. Garantizar con dinero el triunfo de un juego

[6]Este modismo usa la construcción de **gustar.**

B. Diga a qué palabra se refiere cada definición.

1. Joven que hace mandatos en una oficina.
2. Papel engomado, frecuentemente de celofán, que tiene múltiples usos.
3. Persona que puede escribir a máquina sin mirar las teclas.
4. Aparato que sirve para hacer agujeros en el papel.
5. Alguien que no es inocente.
6. Lugar donde se pone la tinta para el gomígrafo.
7. Lugar donde se guardan los papeles por orden alfabético.
8. Arte de escribir más rápido usando símbolos.
9. Papel que absorbe la tinta.
10. Objeto que tiene seis lados y se usa para jugar.

CREACION

Una Carta Comercial

Los saludos más comunes de una carta comercial, equivalentes de "Dear Sir(s) (Madame)" son:

Muy señor (Sr.) mío (nuestro):
Muy señora (Sra.) mía (nuestra):
Muy señores (Sres.) míos (nuestros):

Algunas despedidas comunes son:

Quedo (Quedamos) de Ud. (Uds.) muy atentamente (atte.):
De Ud. (Uds.) afectísimo (afmo.) seguro(a) servidor(a) (S.S.):
Quedo de Ud. (Uds.) atento(a) S.S.:

Invente en español un nombre para una compañía donde Ud. pudiera trabajar y el nombre de una compañía que venda material de oficina, y escriba una de las siguientes cartas:

1. Una carta haciendo un pedido de material de oficina.
2. Una carta quejándose porque parte de un pedido reciente tiene algún defecto, es de mala calidad o llegó en malas condiciones, y anunciando lo que su compañía va a hacer como resultado.

TEMAS Y SUGERENCIAS

1. Un estudiante hará el papel de jefe y los demás serán empleados, y se representará en clase la secuela (sequel) de esta escena.
2. Prepare una circular que el jefe dirige como reprimenda a sus empleados, con motivo de los sucesos que se ven en la escena.
3. Los hispanos usan uno o más nombres de pila (first names), el apellido del padre y al final el apellido de la madre. El apellido paterno es el más importante, lo mismo que en los Estados Unidos, pero no se pone en el último lugar, sino en el penúltimo. Si Ud. busca en el archivo de una biblioteca el nombre de *Emilia Pardo Bazán,* lo encontrará bajo la letra *P* de esta manera: *Pardo Bazán, Emilia.* A veces se usa una *y* entre los dos apellidos: *Miguel de Unamuno y Jugo,* pero esta *y* es opcional.

Teniendo en cuenta la explicación anterior, mire la distribución de las gavetas que se da, y coloque junto a cada nombre de la lista el número de la gaveta que le corresponde.

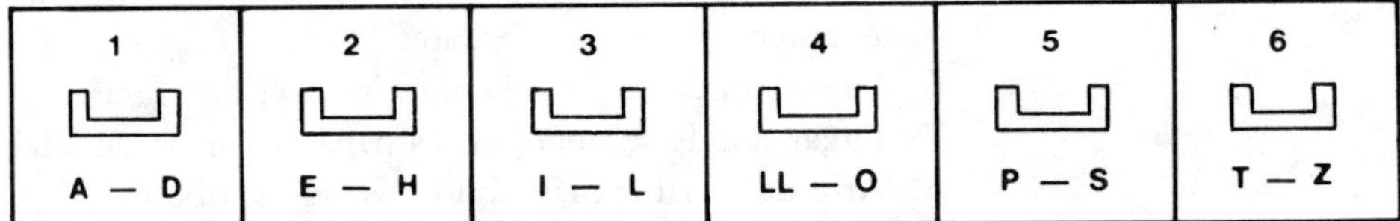

Rosario María Figueroa Ginés
Fulgencio Manuel Rosas Flores
José Ortega y Gasset
Josefa Andrea Jiménez Ruiz
Gerardo Canteli Montes
Enrique A. Llorente Tenorio
Julio José Ubieta Estrada
Alfredo Chinea Castro
Luis Ramón Herrera y Conde
María de los Remedios Lago Rivaya

4. ¿Son mejores jefes los hombres, o las mujeres? ¿Le importaría a Ud. tener una jefa? ¿Les importaría a la mayoría de los hombres?
5. Las cualidades que debe tener un buen jefe.
6. Lo que debe y lo que no debe hacer un buen empleado.

COMENTARIO CULTURAL

¿A quién va dirigido el siguiente anuncio de máquinas de escribir? ¿Qué efecto tienen en el lector los objetos agrupados a la izquierda? ¿Qué ventaja tiene para los jefes el que su secretaria se libere de estos objetos? ¿Cómo se corrigen los errores con esta máquina? ¿Qué ventajas tiene el uso de elementos intercambiables? ¿Tendrá el uso de elementos intercambiables alguna ventaja para quien quiera escribir en español? ¿Qué innovación ofrece este modelo en la cinta? ¿Qué tipos de errores se evitan ahora?

barnices **correction fluids**
oprimir, presionar **to press**
cartucho **cartridge**
carretes **reels**
almacenamiento **storage**
borroso **full of erasures**

Oprimiendo un botón, su secretaria se libera de todo esto.

Ya que la nueva máquina de escribir eléctrica IBM 82C, posee un corrector integrado con el que no necesitará ya de gomas ni de barnices. Basta oprimir un botón para que el error quede borrado.

La IBM 82C es en verdad la secretaria de su secretaria, porque además, tiene 12 elementos intercambiables de escritura, en 12 diferentes estilos y tamaños de letras. Funciona con un práctico cartucho, en lugar de los complicados carretes de la cinta de impresión. Su manejo es de lo más sencillo, y el diseño de su teclado permite mayor velocidad en la mecanografía. Y algo más todavía, viene equipada con un sistema de almacenamiento de impulsos que evita errores en su uso, cuando se presionan dos teclas simultáneamente.

No cabe duda que la IBM 82C, libera a su secretaria de un pasado borroso.

Nueva IBM 82C.
La secretaria de su secretaria.

IBM DE MEXICO, S.A.

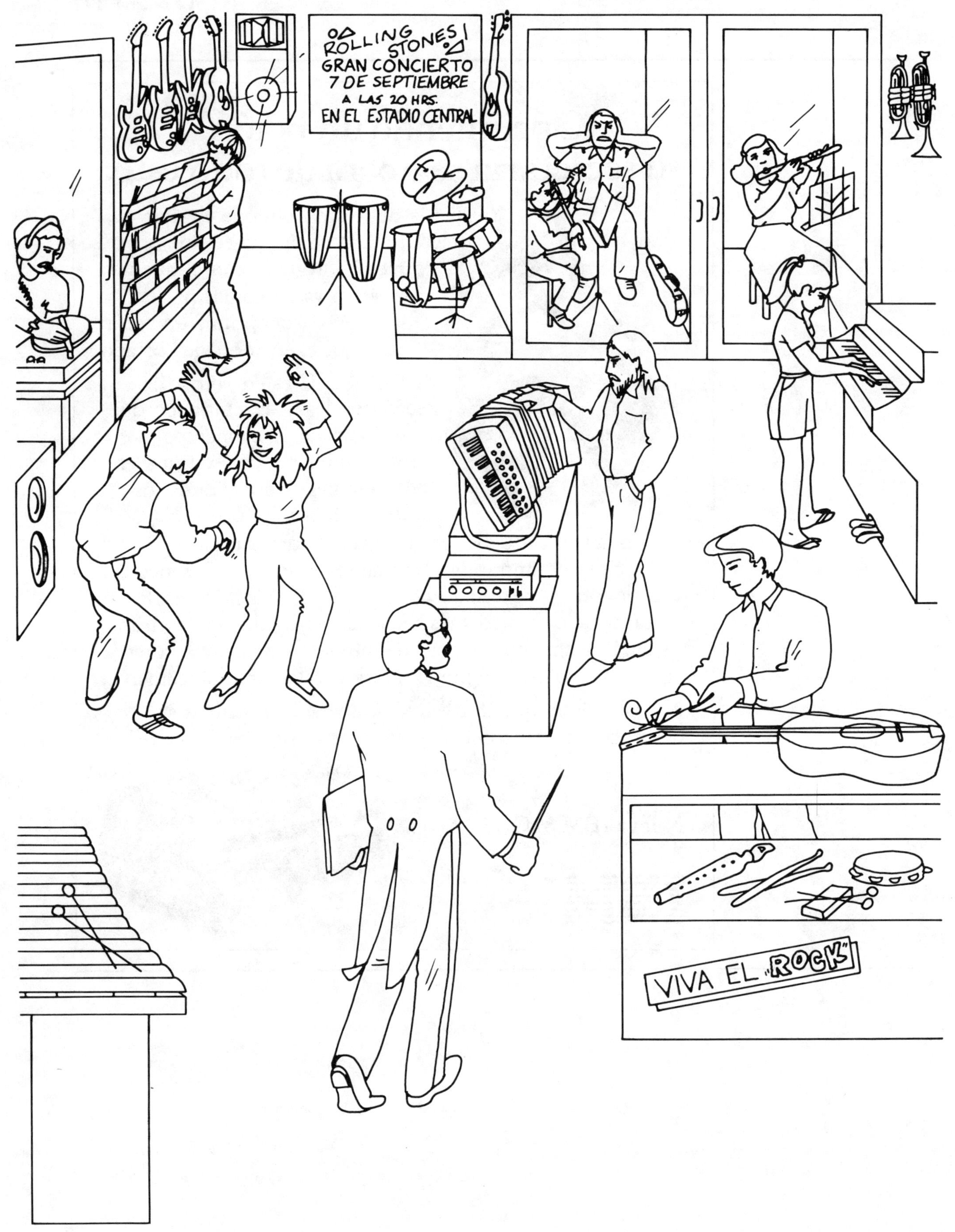
¡ROLLING STONES!
GRAN CONCIERTO
7 DE SEPTIEMBRE
A LAS 20 HRS.
EN EL ESTADIO CENTRAL
VIVA EL "ROCK"

ESCENA 23

EL MUNDO DE LA MUSICA

VOCABULARIO

at first sight **a simple vista**
bass guitar **el bajo**
booth **la cabina**
bow (violin) **el arco**
case (instrument's) **el estuche**
castanets **las castañuelas**
concert hall **la sala de conciertos**
conductor's baton **la batuta**
cork **el corcho**
cymbals **los platillos**
dance **el baile**
drum **el tambor**
drum kit **la batería**
ear (inner), sense of hearing **el oído**
earphones **los audífonos**
group (musical) **el conjunto**
in (out of) tune **(des)afinado,-a**
jacket (record) **la cubierta**
keys **las teclas; las llaves**[1]
lead guitar **el requinto**
music sheet **la hoja de música**
music stand **el atril**
musician **el (la) músico,-a**
neck (of instrument) **el cuello**
new wave **la nueva ola**
orchestra conductor **el director de orquesta**
pegs, machine heads **las clavijas**
scalper **el (la) revendedor,-ra**
scratched record **el disco rayado**
shrill sound **el chirrido**
singing lessons **las clases de canto**
singer **el, la cantante**
song **la canción**
sound **el sonido**
sound-proof **a prueba de ruidos**
speaker **la bocina**[2]
step (dance) **el paso (de baile)**
strings **las cuerdas**
tails **el frac**
tambourine **la pandereta**
transitory **pasajero,-a**
xylophone **la marimba**

Palabras cognadas: el acordeón, el amplificador, la armónica, el arpa, el bongó, el clarinete, la corneta, la flauta, la guitarra acústica, la guitarra eléctrica, las maracas, la música clásica, la ópera, el órgano, el pedal, el piano, el pick, el saxofón, la trompeta, el violín, el violoncelo.

[1]en instrumento de viento [2]el altavoz

to be on display **exhibirse**
to be sold out **agotarse (las entradas, los boletos)**
to cover one's ears **taparse los oídos**
to dance **bailar**
to insulate **aislar**
to play **tocar**
to record **grabar**
to replace **cambiar**
to tune **afinar**

Preguntas

1. ¿Cuáles son algunas de las cosas que se exhiben en esta tienda de música?
2. ¿Cómo sabemos que el chico del violín toca muy mal?
3. ¿Qué instrumento practica la chica que está en la otra cabina?
4. Estas cabinas tienen la puerta de cristal. ¿Qué ventaja y qué desventaja hay en esto?
5. ¿Qué material se usa frecuentemente en el techo y las paredes de este tipo de cabinas? ¿Por qué?
6. ¿Qué otros instrumentos enseñarán a tocar en este lugar?
7. ¿Cómo sabemos, al mirar las guitarras que se exhiben, cuáles son eléctricas y cuáles son acústicas?
8. ¿Cuáles son las diferencias entre un violín y una guitarra?
9. ¿Cuáles de los intrumentos que se exhiben aquí tienen teclas?
10. Explique lo que hace la chica que está junto al piano, y por qué lo hará.
11. Explique lo que hace el hombre que está en la cabina de la izquierda, y lo que usa.
12. ¿Cómo sabemos que en esta tienda tienen música puesta (on) en este momento?
13. ¿Quién será el hombre que está entrando en la tienda?
14. ¿Qué objetos se asocian con un director de orquesta?
15. Explique lo que hace el hombre que está detrás del mostrador, y cómo lo hace.
16. ¿Qué se anuncia en el cartel que se ve al fondo?

Más Preguntas

1. ¿Por qué es importante saber con mucha anticipación que va a haber un concierto?
2. ¿Cuáles son algunas ventajas y algunas desventajas de presentar un concierto en un estadio?
3. ¿En qué tipo de música es muy importante la trompeta?
4. ¿Para qué se usa un atril? ¿Dónde ha visto Ud. atriles?
5. ¿Cree Ud. que la cubierta de un disco influye en que se venda mucho o poco? Dé ejemplos.

6. ¿Cuál es la diferencia entre una orquesta y un conjunto?
7. ¿Qué equipo necesitarán unos chicos que están organizando un conjunto de rock?
8. ¿Qué instrumentos se usan en la música flamenca?

FORMACION DE PALABRAS

Los nombres de muchos sonidos se forman con la raíz del verbo y el sufijo *-ido.*

VERBO	SONIDO	
aullar	**aullido**	*howl*
chasquear	**chasquido**	*crack or snap*
chillar	**chillido**[3]	*scream, shriek*
chirriar	**chirrido**	*squeak*
gemir	**gemido**	*moan, groan*
ladrar	**ladrido**	*barking*
maullar	**maullido**	*mew*
roncar	**ronquido**	*snore*
rugir	**rugido**	*roar*
silbar	**silbido**	*whistle*

Práctica

Conteste, incluyendo en su respuesta el nombre de uno de estos sonidos.

¿Cómo sabes que...

1. alguien está durmiendo?
2. la puerta necesita aceite?
3. hay un perro en una casa?
4. una persona está silbando?
5. el gato tiene hambre?
6. una persona siente dolor?
7. varias adolescentes han visto a su cantante favorito?
8. hay una muchedumbre de personas furiosas?
9. hay un lobo solitario en una noche de luna?
10. un disco está rayado?

PALABRAS QUE SE CONFUNDEN

To Hear

El equivalente general de *to hear* es **oír,** pero cuando *to hear* se combina con preposiciones o conjunciones, se usan diferentes expresiones en español. Los casos más comunes son:

[3]Se usa sólo para personas.

1. *To hear of* es **oír hablar de.**

   ¿Has oído hablar de Julio Iglesias, el cantante español?
   Have you heard of Julio Iglesias, the Spanish singer?

2. *To hear from* es **tener noticias de** y también **saber de.**

   Hace un mes que no **tengo noticias (no sé) de** mis amigos.
   I haven't heard from my friends in a month.

3. *To hear that* es **oír decir que** y también **oír que.** Cuando esta expresión está en el pasado y hay énfasis en la idea *found out that,* se usa **saber que** o **enterarse de que** en el pretérito.

   Oí decir que ese conjunto se disolvió.
   I heard that that group broke up.

   Me enteré de que los revendedores han comprado todas las entradas del concierto.
   I heard (found out) that the scalpers have bought all the tickets to the concert.

Práctica

Conteste usando estas expresiones.

1. ¿Tuvo noticias en estos días de algún amigo ausente?
2. ¿Ha vuelto a saber de sus antiguos compañeros de la escuela secundaria?
3. ¿De qué músico o cantante hispano ha oído hablar Ud.?
4. ¿Se enteró de algo interesante recientemente?
5. Nunca he oído hablar de un conjunto llamado "Las moscas muertas". ¿Y Ud.?
6. ¿Ha oído decir que no habrá examen final en esta clase?
7. ¿Se preocupan sus padres si no tienen noticias de Ud. cuando hace un viaje?
8. Oí decir que Ud. espera sacar una "A" en este curso. ¿Es verdad?

LOS MODISMOS DE HOY

en cambio	*on the other hand*
(ser) lo de menos	*(to be) of little importance*
tocar de oído	*to play by ear*

La hoja de música **es lo de menos** para mí, porque **toco de oído.**
The music sheet is of little importance to me because I play by ear.

Práctica

Exprese en español.

1. The name of the group is of little importance to him because he doesn't like rock.

2. Albert takes music lessons; his cousin, on the other hand, plays by ear.
3. Money was of little importance in that case; on the other hand, talent was indispensable.
4. The fact that he plays (subj.) by ear is of little importance if he plays well.

PRACTICA DE VOCABULARIO

Complete con la palabra apropiada.

1. Hace falta un _____ para tocar el violín.
2. Cuando llegamos al teatro, no quedaban entradas, se habían _____.
3. En la tienda de música se _____ los instrumentos para que los compradores los vean.
4. El _____ me pidió cuarenta dólares por las entradas.
5. Los músicos _____ sus instrumentos antes de empezar a tocar.
6. Tengo que cambiar las _____ de mi guitarra.
7. Voy a cubrir las paredes de mi cuarto con _____ para aislarlas.
8. El director no quiere dirigir la orquesta sin su _____.
9. Mi cantante favorito acaba de _____ un disco que será un éxito.
10. La batería se compone de _____ y _____.
11. El cuello del _____ es mucho más largo que el cuello del _____.
12. Cuando un disco está _____ repite indefinidamente el mismo sonido.

TEST MUSICAL

¿Conoce Ud. la música de los países hispánicos? ¿Puede identificar cada tipo de música o baile con su país de origen?

1. el tango	a. España
2. el corrido	b. Cuba
3. el joropo	c. Argentina
4. la cumbia	d. Puerto Rico
5. el merengue	e. Venezuela
6. la jota	f. México
7. la rumba	g. República Dominicana
8. la plena	h. Colombia
9. el pasodoble	
10. el cha-cha-chá	

Respuestas: 1. c, 2. f, 3. e, 4. h, 5. g, 6. a, 7. b, 8. d, 9. a, 10. b

TEMAS Y SUGERENCIAS

1. Prepare una charla sobre el tema: "Mi música favorita."
2. Los estudiantes se dividirán en dos grupos: unos serán personas famosas en el mundo musical, y los otros serán periodistas. Cada periodista preparará una serie de preguntas interesantes para una de las personas famosas, y el estudiante que represente a esa persona las contestará.
3. Si Ud. no ha contestado correctamente el "test" musical, necesita aprender más sobre la música hispánica. Busque información sobre la gran diversidad musical de los países hispánicos, y hable de esto en clase.
4. Hable sobre la moda "punk" y la nueva ola, y por qué serán o no serán pasajeras.
5. En general, en el pasado, la música que se ponía de moda entre la juventud pasaba de moda rápidamente. Esto no ha sucedido con el rock. Comente sobre la historia del rock y el motivo por el cual ha durado tanto.

COMENTARIO CULTURAL

El rock es también muy popular en los países hispánicos. Este concurso de una revista mexicana de música lo prueba. ¿Es adecuado el título del álbum que se ofrece de premio? ¿Por qué? ¿Cómo podemos saber, al leer este anuncio, que hay muchos grupos[4] de rock en México? ¿Qué nota Ud. en el nombre de los grupos? ¿Por qué será esto?

Si hubiese un concurso similar en los Estados Unidos, ¿participaría Ud.? ¿Por qué (o por qué no)? ¿Cómo contestaría Ud. estas preguntas si las mismas se refirieran a los Estados Unidos y no a México? ¿Cree Ud. que este concurso es una buena idea para aumentar la venta de discos? ¿Por qué piensa así?

concurso **contest**
D. F. **Distrito Federal**

[4]Los conjuntos a veces se llaman **grupos** en las revistas por influencia del inglés.

Sonido y Discos Prisma regalan 25 álbumes triples Rock Nacional 1981

Tu revista
Sonido
y Discos Prisma
tiene 25 (veinticinco) copias
del álbum triple
"Rock nacional 1981"
para los lectores.

Se trata de un álbum de tres discos. ¡Una antología del rock mexicano en 1981!, incluyendo temas de los grupos Anchorage, Size, Contrastes, Rebeld' Punk, Down Fillet, Coatlicue, Mistus, Tarot, Carlos Infante, Famsés, La Biblia, Tlamantini, Iván Alberto, Sacudobotas Blues Band, José Madera Ahmen y otros. Veintinueve temas a cargo de veinte grupos selccionados entre lo mejor del rock nacional. ¡No te lo perdas!

Todo lo que tienes que hacer es enviar una carta a

Sonido Rubens 33, 1er piso, México 19, D.F.

con tus ideas sobre los siguientes temas.

¿Qué lugares nos recomiendas para organizar conciertos de rock? (por su acústica, tanto en el interior como en el DF).

____

____

¿Cuáles son tus diez grupos favoritos de rock mexicano?

____

____

____

¿Cuál es tu opinión del movimiento de rock en México?

____

____

¿Qué sugieres para mejorar el nivel del rock en México?

____

____

Sólo las 25 mejores cartas ganarán disco, apresúrate.

**Y si por algún motivo no resultas ganador,
puedes obtener el disco en: Discoteca Tepito,
Matamoros 122, México 2, D.F., Tel. 529-11-04.**

NO DÉ
COMIDA A
LOS ANIMALES

ESCENA 24

EL PARQUE ZOOLOGICO

VOCABULARIO

bat **el murciélago**
bear **el oso**
beast (wild) **la fiera**
bird **el ave (f.)**
bite **la mordedura,**[1] **la picada**
boar **el jabalí**
cage **la jaula**
cave **la cueva**
eagle **el águila (f.)**
fan **el abanico**
feathers **las plumas**
fox **la zorra**
guard **el guardia**
hairy **peludo, -a**
horn **el cuerno**
ivory **el marfil**
leg (animal) **la pata**
magpie **la urraca**
mane **la melena**
monkey, ape **el mono**
neck **el cuello**
ostrich **el avestruz**
padlock **el candado**
parrot; (large) **el loro; el papagayo**
peacock **el pavo real**
peanut **el maní**[2]
pheasant **el faisán**
pit **el foso**
poison **el veneno**
pond **el estanque**
raccoon **el mapache**[3]
railing **la barandilla**
sharp **afilado, -a**
snake **la serpiente**
sparrow **el gorrión**
swan **el cisne**
tail **la cola**[4]
top (of a tree) **la copa**
trunk (elephant's) **la trompa**
tusks; fangs **los colmillos**
upside down **boca abajo**
vain **vanidoso, -a**
wolf **el lobo**

Palabras cognadas: el camello, el canguro, carnívoro(-a), la cebra, la cobra, el cocodrilo, el domo, el gorila, herbivoro(-a), la hiena, el hipopótamo, inyectar, la jirafa, el león, el leopardo, la pantera, el rinoceronte, el tigre, el vampiro

[1]**la picada** es de un insecto, **la mordedura** es de un animal que tiene dientes [2]el cacahuate (Méx.) [3]el coatí [4]el rabo

Animal names don't form their feminine in a consistent way. When in doubt, add the word **macho** or **hembra** to the name of the animal.

to be hanging **estar colgado, -a**
to bite **morder (ue); picar**[5]
to coil **enroscarse**
to escape **escaparse**
to scold **reñir, regañar**
to tease, bother **molestar**
to threaten **amenazar**
to throw **tirar**

Preguntas

1. ¿Qué clase de mono hay aquí? ¿En qué se diferencia este mono de un chimpancé?
2. ¿Por qué hay una barandilla que separa a la gente de las jaulas?
3. ¿Por qué está en peligro el niño que ha subido a la barandilla?
4. ¿Qué hará el guardia cuando vea lo que hace el niño?
5. ¿Qué otras personas están haciendo algo que está prohibido? Explique.
6. Explique el peligro que amenaza al hombre que tiene el plátano en la mano.
7. Explique lo que ha pasado con uno de los candados, y el problema que esto puede causar.
8. Explique lo que hacen las personas que están cerca del estanque.
9. ¿Qué puede pasarles a los cisnes?
10. ¿Quiénes viven en la cueva y qué están haciendo?
11. Nombre algunas aves que probablemente vivirán en el domo de cristal.
12. Explique quiénes están en el foso y qué ventajas tiene este sistema.
13. ¿Por qué no tendrá colmillos el elefante?
14. Además del elefante, ¿qué otro animal tiene los colmillos grandes?
15. Explique qué comida les gustará a los animales que están en las jaulas.
16. ¿Qué otros animales que no se ven en la escena se encuentran generalmente en un zoológico?

Más Preguntas

1. ¿Qué diferencias hay entre una picada y una mordedura? Dé ejemplos.
2. ¿Qué pasa cuando a una persona la muerde una serpiente? ¿Qué hay que hacerle?
3. Explique las costumbres de los murciélagos.
4. ¿Qué problema tienen las jirafas para comer?
5. ¿Qué diferencias hay entre un pavo real y un faisán? ¿Ha comido Ud. uno de ellos?
6. Explique varias maneras en que el público puede molestar a los animales.
7. ¿Cuál es la razón de que algunas personas les tengan miedo a ciertos animales? ¿Conoce Ud. algún caso?
8. Hable de algunos animales que son parientes de los perros y los gatos.

[5]**Pican** los insectos y las aves, **muerden** los otros animales.

FORMACION DE PALABRAS

En inglés el prefijo *in-* se convierte en *im-* delante de *m*. En español no existe la combinación *mm* y el prefijo *in-* se conserva en la escritura, aunque el sonido de la *m* es el que predomina cuando se pronuncia la palabra. Por ejemplo: **inmediato, inmoral, Enma.**

Práctica

Complete cada oración, escogiendo la palabra apropiada de la siguiente lista: inmaculado, inmaduro, inmenso, inmigrante, inmóvil, inmodesto, inmortal, inmutable.

1. La mejor manera de evitar que una serpiente ataque es quedarse...
2. La mujer era valiente. Sabía que la jaula estaba abierta y permaneció...
3. En algunos estados la mayor parte de la gente es nativa, pero otros tienen muchos...
4. Algo que está muy limpio está...
5. Aunque sea Ud. un hombre muy importante, no debe ser...
6. Yo estaba equivocado. Creí que ese zoo era pequeño, pero es...
7. Pepe no es un chico serio, es muy...
8. Si Ud. es muy famoso, morirá como todo el mundo, pero su obra será...

PALABRAS QUE SE CONFUNDEN

To Take

1. Cuando *take* significa "to seize" "to lay hold of", sus equivalentes son **coger**[6] o **tomar.**

   El elefante **cogió** la fruta con la trompa.
   The elephant took the fruit with his trunk

2. *To take a person or thing somewhere* o *to carry* es **llevar.**

   Guzmán **llevó** a sus hijos al zoo ayer.
   Guzman took his children to the zoo yesterday.

   La chica **llevaba** una maleta grandísima.
   The girl was carrying a very large suitcase.

3. *To take something (someone) away* es **llevarse. Llevarse** es también a veces una manera indirecta de decir **robar.**

   El guardia **se llevó** al chico que trepó a la barandilla.
   The guard took away the boy who climbed the railing.

   Alguien **se llevó** un ave rara del zoo anoche.
   Someone stole a rare bird from the zoo last night.

[6]En la Argentina, Chile y México no se usa **coger** sino **tomar** o **agarrar.**

4. Hay muchas expresiones que usan *to take* en inglés y **tomar** en español.

    to take notes tomar notas
    to take medicine tomar una medicina
    to take something (someone) seriously tomar algo (a alguien) en serio
    to take pictures tomar (sacar) fotografías

    En otros casos el español usa **dar** u otro verbo.

    to take a step dar un paso
    to take a trip dar (hacer) un viaje
    to take a walk dar un paseo

5. Algunos equivalentes de *to take* combinado con preposiciones son:

    to take away from (one) quitar(le) algo (a uno)
    to take off (clothing, etc.) quitarse

Práctica

Conteste de manera original.

1. ¿Qué autobús debo coger para llegar a esta escuela?
2. ¿Te llevaba tu madre al zoo cuando eras niño(a)?
3. ¿Llevas muchos objetos en tu bolsa o en tus bolsillos?
4. Cuando vas de compras, ¿te llevas los paquetes contigo, o pides que te los lleven a tu casa?
5. ¿Por qué es agradable dar un paseo por el parque zoológico?
6. ¿Por qué le quitó el guardia el plátano al hombre?
7. ¿Piensas que alguien habrá sacado la serpiente de su jaula?
8. El profesor no encuentra su libro, ¿crees que alguien se lo llevó?
9. ¿Por qué a muchos les gusta sacarles fotografías a los monos?
10. ¿Adónde crees que se llevaría el guardia a los bandidos?

LOS MODISMOS DE HOY

pasar un buen rato; pasarlo bien	*to have a good time*
dejar en paz	*to leave alone, let be*
el día menos pensado	*one of these days (when one least expects it . . .)*

Práctica

Haga comentarios originales, incluyendo en cada comentario uno de estos modismos.

Modelo: Ese perro es bravo y tú lo tratas muy mal.
El día menos pensado te va a morder.

1. La madre del niño que molesta al lobo debería reñirlo.
2. Los guardias no cierran bien las puertas de las jaulas.
3. ¿Qué tal tu viaje a Europa? ¿Te divertiste?
4. Es peligroso que el cocodrilo viva tan cerca del estanque del cisne.
5. Uno de los monos tenía mucho sueño, pero su compañero quería seguir jugando.
6. Salgo ahora para la fiesta. Adiós.

PRACTICA DE VOCABULARIO

A. Identifique el nombre de cada animal de la columna **A** con una característica de la columna **B**.

A	B
1. la cebra	a. tiene la cola en forma de abanico
2. el jabalí	b. sus plumas son de muchos colores
3. el pavo real	c. tiene las plumas negras
4. la hiena	d. es un ave muy grande que no puede volar
5. el papagayo	e. su cuello es largo y curvo
6. el león	f. es el símbolo de los Estados Unidos
7. la urraca	g. puede pasar muchos días sin beber agua
8. el rinoceronte	h. se ríe continuamente
9. el avestruz	i. tiene un cuerno encima de la boca
10. el águila	j. tiene rayas en todo el cuerpo
11. el camello	k. es de la familia del cerdo
12. el cisne	l. tiene una hermosa melena

B. Haga una oración con cada uno de los siguientes verbos. No use el presente de indicativo.

1. amenazar 2. enroscarse 3. escaparse 4. molestar 5. morder

CREACION

¿Se ha preguntado Ud. alguna vez lo que pensarán los animales al ver constantemente grupos de personas frente a sus jaulas? Si ellos tuviesen suficiente inteligencia para analizar este hecho, ¿les gustaría? ¿les aburriría? ¿les parecería ridículo? Imagine por un momento que el elefante y el gorila pudieran entenderse y establecer una conversación, y prepare un diálogo con los comentarios que harían ellos acerca del público que rodea sus jaulas un día cualquiera.

TEMAS Y SUGERENCIAS

1. Imagine esta misma escena diez minutos después y descríbala, explicando cómo ha cambiado.
2. Escriba una composición sobre el tema: "Una visita al parque zoológico de mi ciudad."
3. Invente un cuentecito con el título: "El día que alguien abrió las jaulas de las fieras."
4. Los estudiantes buscarán información y comentarán sobre las costumbres y características extrañas de algunos animales.
5. Si Ud. tuviera que convertirse en animal, ¿qué animal le gustaría ser? Conteste esta pregunta y explique la razón de su respuesta.
6. Comente sobre animales exóticos o peligrosos que la ley prohibe tener en casa, y sobre personas que tienen o han tenido animales de esta clase.

COMENTARIO CULTURAL

Esta llama joven vive en los alreadedores de Machu Picchu. Las llamas, alpacas y vicuñas son todas de la misma familia, y se encuentran exclusivamente en esta región de la América del Sur. ¿Ha visto Ud. alguno de estos animales en un zoológico? ¿Y en otro lugar? ¿Qué animales había en la América del Norte antes de la llegada de los europeos? ¿Y en la América del Sur? ¿Sabía Ud. que la principal razón de que la rueda no se utilizara en la América precolumbina era que no había animales que pudieran entrenarse como animales de tiro (*draft*)?

¿Qué sabe Ud. de la ciudad de Machu Picchu? ¿Y del imperio de los incas? Si sabe mucho, comparta lo que sabe con sus compañeros. Si sabe poco o no sabe nada, busque información y prepárese para comentar este tema en clase.

Victor Englebert

ESCENA 25
LA PRIMAVERA

VOCABULARIO

baby bird **el pichón**
baseball cap **la gorra de pelotero**
bee **la abeja**
brook **el arroyo**
butterfly **la mariposa**
calf **el ternero**
catcher's mitt **el guante**
cow **la vaca**
cross **la cruz**
crow **el cuervo**
daisy **la margarita**
dragon fly **el caballito del diablo**
Easter **la Pascua de Resurrección**
Easter egg **el huevo de Pascua**
farm **la granja**[1]
farmer **el granjero**
field (cultivated) **el sembrado**
frog **la rana**
goat **la cabra**
grain **los granos**
hay **el heno**
hill **la loma**
horns **los cuernos**
kneeling **arrodillado,-a**
lagoon **la laguna**
meadow **el prado**
nest **el nido**
net **la red**
ox **el buey**
path **el sendero**
pig **el cerdo**
plow **el arado**
rabbit **el conejo**
rainbow **el arcoiris**
scarecrow **el espantapájaros**
sheep **la oveja**
soil **la tierra**
steeple **el campanario**
stick **el palo**
straw **la paja**
tree trunk **el tronco**
turtle **la tortuga**
well **el pozo**
wheat **el trigo**
woodpecker **el pájaro carpintero**

Palabras cognadas: el bate, el béisbol, el corral, el establo, el horizonte, los insectos, los pétalos, el silo, el tractor

[1] la finca, la hacienda

to grow **cultivar**	to plow **arar**
to harvest **cosechar**	to pull off the petals **deshojar**
to hunt for butterflies **cazar mariposas**	to scare away **espantar**
to milk **ordeñar**	to sigh **suspirar**
to peck **picar**	to sow **sembrar (ie)**
	to store **almacenar**

Preguntas

1. ¿Cómo sabemos qué estación y qué fecha es?
2. ¿Qué insectos se ven en esta escena?
3. ¿Cuál de los insectos cree Ud. que está en mayor peligro? ¿Por qué?
4. ¿Por qué pica el pájaro el tronco del árbol?
5. ¿Qué otros animales se ven en el árbol y dónde están?
6. ¿Por qué abren la boca los pichones?
7. ¿Por qué está arrodillado el niño?
8. ¿Por qué podemos suponer que la chica que está cerca del niño está enamorada?
9. ¿Qué animales se ven en la parte izquierda del dibujo?
10. Explique lo que hace la chica que cruza el sendero y lo que usa para hacerlo.
11. Explique lo que está haciendo el granjero y para qué lo hace.
12. ¿Por qué hay un espantapájaros cerca del sembrado?
13. ¿Cómo sabemos que los niños que están cerca del árbol están jugando al béisbol?
14. ¿Cómo sabemos que el edificio que está a la izquierda es una iglesia?
15. Explique lo que hay junto al corral de los cerdos, y para qué sirve.
16. ¿Por qué sabemos que llovió recientemente?

Más Preguntas

1. Explique cómo se araba antes de la invención del tractor.
2. Explique lo que se almacena en un silo y lo que se guarda en un establo.
3. ¿Qué leyenda relacionada con el arcoiris conoce Ud.?
4. Explique qué productos saca un granjero de los animales que hay generalmente en una granja.
5. ¿Qué diferencias hay entre una cabra y una oveja?
6. ¿Qué diferencias hay entre un sendero, una carretera y una calle?
7. ¿Cómo se hace un espantapájaros? ¿Dónde ha visto Ud. uno?
8. Explique en qué consiste el trabajo de un granjero. Use por lo menos cuatro verbos.

FORMACION DE PALABRAS

Los sufijos **-al** y **-ar** forman nombres derivados que indican un grupo de árboles o plantas de la misma clase. Por ejemplo: **maizal** (un sembrado de maíz), **pinar** (un grupo de pinos).

Práctica

A. Usando la terminación **-ar,** diga cómo se llama...
1. un sembrado de melones
2. un grupo de árboles de manzanas
3. un grupo de olivos[2]
4. un grupo de palmas

B. Diga qué produce...
1. un cafetal
2. un platanal
3. un trigal
4. un naranjal

PALABRAS QUE SE CONFUNDEN

A. To Grow

1. *To grow,* **crecer,** es un verbo intransitivo en español, y significa "hacerse más grande". Puede usarse para personas, animales o cosas.

   Dicen que los niños **crecen** más en el invierno.
   It is said that children grow more in winter.

2. *To grow vegetables, etc.* equivale a **cultivar.**

   El granjero **cultivaba** maíz en su campo.
   The farmer grew corn in his field.

3. *To grow a beard, a mustache* es **dejarse crecer la barba (el bigote).** Esta expresión se usa también para el pelo y las uñas.

   El novio de Carmita **se dejó crecer el bigote** hace poco.
   Carmita's boy friend grew a mustache recently.

B. To Raise

1. Cuando *to raise* es sinónimo de "to grow vegetables, etc." el español usa **cultivar.** Si *to raise* es sinónimo de "to bring up", se equivalente es **criar. Criar** se usa también con animales.

   El granjero **cultiva** trigo y **cría** cerdos.
   The farmer raises wheat and pigs.

[2]El árbol se llama *olivo* pero "olive", el fruto, se llama *aceituna.*

2. *To raise* como sinónimo de "to lift up" es **levantar. Levantar** se usa también en expresiones como **levantar la voz** *(to raise one's voice)* y **levantar una estatua, un edificio** *(to raise a statue, a building).*

   El estudiante **levantó** la mano para contestar.
   The student raised his hand to answer.

3. *To raise* como sinónimo de "to increase in price" es **subir.** *To raise one's salary* es **subir(le) (aumentar)(le) (a uno) el sueldo.** *To raise (to collect) money* es **recoger dinero.**

   Me han subido la renta, pero no **me han aumentado** el sueldo.
   They have raised my rent, but they haven't raised my salary.

Práctica

Exprese en español.

1. It is possible to grow tomatoes in a flower pot.
2. "When I grow up I want to be a policeman," said Jimmy.
3. The grass grows faster in the spring.
4. Are you growing a beard?
5. My grandmother raised fourteen children.
6. They are raising money to raise a statue.
7. If your teacher doesn't hear you, raise your hand, do not raise your voice.
8. The farmers want to raise the price of the wheat again.

LOS MODISMOS DE HOY

la mayor parte (de)	*the majority (of), most*
en (por) todas partes	*everywhere*
en (por) ninguna parte (ningún lado)	*nowhere, anywhere (neg.)*

A la mayor parte de las personas les gusta la primavera.
The majority of people like spring.

En la granja se veían flores silvestres **por todas partes.**
At the farm one could see wild flowers everywhere.

Busqué el ternero, pero no lo vi **en ninguna parte.**
I looked for the calf, but I didn't see it anywhere.

Práctica

Conteste usando estos modismos.

1. ¿Hay silos en las fincas de esa región?
2. ¿Sienten deseos de estudiar los estudiantes cuando llega la primavera?
3. ¿Se ven parejas de enamorados en la primavera?
4. ¿Viste algún perro en esta escena?
5. ¿Es fácil encontrar flores en el invierno?
6. ¿Hay pájaros en el campo en la primavera?

PRACTICA DE VOCABULARIO

A. Forme oraciones originales combinando los siguientes pares de palabras.

1. pájaro carpintero / tronco
2. trigo / almacenar
3. arcoiris / llover
4. pozo / sendero
5. espantapájaros / sembrado
6. buey / arado

B. Diga cómo se llama...

1. el lugar donde un pájaro pone sus huevos
2. un animal que camina muy despacio y nace de huevos
3. lo que se usa para cazar mariposas
4. la fiesta que celebra la resurrección de Cristo
5. un lago pequeño
6. una montaña pequeña
7. el hijo de la vaca
8. el insecto que hace la miel

C. Diga qué verbo expresa la acción de...

1. extraer la leche de la vaca
2. recoger el producto de lo que uno sembró
3. exhalar aire haciendo un sonido al mismo tiempo
4. hacer que los pájaros se vayan de un lugar
5. arrancar los pétalos de una flor

CREACION

Complete el siguiente diálogo entre la chica enamorada y su hermana, la cazadora de mariposas, haciendo el papel de ésta.

Enamorada —Me quiere, no me quiere, ¡me quiere!

Cazadora —

Enamorada —No te rías, yo creo que las margaritas dicen la verdad y que Miguel me ama.

Cazadora —

Enamorada —Tienes envidia porque Pepe no es simpático y guapo como Miguel.

Cazadora —

Enamorada —Miguel también tiene automóvil, aunque no sea un "Mercedes". Además, su padre prometió regalarle uno nuevo cuando se gradúe.

Cazadora —

Enamorada —A mí no me parece que este juego de las margaritas sea un pasatiempo tonto. En realidad, lo que sí es tonto es cazar mariposas.

Cazadora —

Enamorada —No sólo es tonto, sino además cruel. ¡Pobrecitas!

Cazadora —

Enamorada —¡No seas prosaica! Las mariposas no son insectos, son animales muy bellos.

Cazadora —

Enamorada —Bueno, no quiero discutir. Sigue tú perdiendo el tiempo corriendo por el prado, y déjame a mí pensar en mi amado Miguel y suspirar. A ver qué me dice esta otra margarita... Me quiere... no me quiere...

Cazadora —

TEMAS Y SUGERENCIAS

1. Muchas personas coleccionan alas de mariposas. ¿Es cruel cazar mariposas? Comente sobre esto y sobre los muchos objetos decorativos que pueden hacerse con las alas.
2. La primavera es la estación favorita de muchos. ¿Por qué lo es?
3. Hable de las costumbres que se relacionan con la Pascua de Resurrección en los Estados Unidos.
4. Prepare una charla con el título: "Cómo emplearé mis próximas vacaciones de primavera."
5. Prepare una charla con el título: "La vida en una granja en contraste con la vida en una ciudad."

COMENTARIO CULTURAL

La primavera es la estación de las flores y el revivir de la naturaleza, pero es también la estación de la Semana Santa y de la Pascua de Resurrección. En los países hispánicos las tradiciones están muy relacionadas con la religión católica y presentan, además, características especiales. Así, mientras los pueblos no-hispánicos celebran el Domingo de Pascua con un énfasis positivo y práctico en la resurrección de Cristo, los hispanos ponen todo el énfasis en su tormento, sus sufrimientos, su muerte. Para ellos el Viernes Santo, con su trágica significación, es el día más importante de esa semana. Esta es una procesión tradicional del Viernes Santo en Sevilla. ¿Qué impresión producen en Ud. los encapuchados (*hooded people*)? ¿Qué le recuerdan? ¿Cómo se ve aquí el gusto hispánico por lo

Peter Menzel/Stock, Boston, Inc.

dramático? ¿Qué relación existe entre esta conmemoración y la conocida obsesión de la cultura hispana con la muerte? ¿Cree Ud. que este tipo de tradición debe continuar, o desaparecer? ¿Le gustaría ver una de estas procesiones? ¿Participar en ella? ¿Ir encapuchado? ¿Por qué o por qué no?

TAQUILLAS · DUCHAS
SILLAS
SOMBRILLAS

ESCENA 26

EL VERANO

VOCABULARIO

bathing suit **el traje de baño**[1]
beach bag **la bolsa de playa**
beach ball **la pelota de playa**
beach coat **la bata de playa**
beach umbrella **le sombrilla de playa**
binoculars **los prismáticos**
blanket **la manta**
boat **el bote**
crab **el cangrejo**
dirty old man **el viejo verde**
diver **el buzo**
diver's mask **la máscara de buzo**
fins **las aletas**
fishing rod **la caña de pescar**
frisbee **el disco volador**
hammock **la hamaca**
ice chest **la nevera**
life preserver; lifeguard **el salvavidas**
lighthouse **el faro**
locker **la taquilla**
lounge chair **la silla de extensión**
oar **el remo**
pail **el cubo**
palm tree **el palmera**
pier **el muelle**
sailboat **el bote de vela**
sand **la arena**
sand castle **el castillo de arena**
sea, ocean **el mar**
seagull **la gaviota**
shark **el tiburón**
shell **la concha**
shell (of snail) **el caracol**
shore **la orilla (del mar)**
shovel **la pala**
starfish **la estrella de mar**
suntan lotion **la loción bronceadora**
sun-tanned **bronceado, -a**
surf board **la tabla de surf**
tee shirt **la camiseta**[2]
thermos **el termo**
towel **la toalla**
vessel (ship) **la embarcación**
wet **mojado, -a**
whistle **el silbato**[3]

Palabras cognadas: el pelícano, los "shorts"

[1]la trusa (Cuba) [2]la remera (Arg.) [3]el pito

to bend over **agacharse**
to bury **enterrar**
to dive **bucear**
to drown **ahogarse**
to fish **pescar**
to get sunburned **quemarse**
to pick up **recoger**
to pour **echar**
to rent **alquilar**
to surf **practicar el surf**
to swim **nadar**
to water ski **esquiar en el agua**

Preguntas

1. ¿Qué hacen las niñas que están en primer plano?
2. ¿Qué hizo el niño que está a la derecha? ¿Cómo lo hizo?
3. Explique quién tiene prismáticos y lo que mira posiblemente esta persona.
4. Explique lo que habrá recogido y lo que va a recoger la niña que se agacha.
5. ¿Quiénes acaban de llegar a la playa? ¿Cómo lo sabe Ud.?
6. ¿Qué cosas trajeron estas personas a la playa?
7. ¿Qué contendrá la cesta? ¿La nevera? ¿La bolsa de playa?
8. Explique lo que están haciendo las personas del bote y cómo lo sabe Ud.
9. ¿Qué peligro amenaza (threatens) a estas personas?
10. ¿Adónde irán los niños que corren? ¿Por qué lo piensa Ud.?
11. Diga qué persona va también al mismo lugar, y describa lo que lleva esta persona.
12. ¿Quién está posiblemente mojado? ¿Por qué podemos suponer esto?
13. ¿Cuáles son algunas cosas que se pueden hacer en el edificio que se ve al fondo?
14. Explique quién está durmiendo y dónde.
15. ¿Por qué habrá varias mantas en la arena sin ninguna persona en ellas?
16. ¿Por qué es posible que algunas personas protesten contra los jóvenes que juegan con el disco volador?

Más Preguntas

1. ¿Por qué llevan un silbato los salvavidas?
2. ¿Tiene Ud. un silbato? Dé ejemplos de las diferentes circunstancias en que se usa un silbato.
3. Explique por qué hay gaviotas en las playas.
4. Explique cómo funcionan los faros y por qué son necesarios.
5. Describa la manera en que va vestida la gente a la playa.
6. Explique varias maneras en que podemos protegernos del sol.
7. ¿Qué cosas llevan muchas personas a la playa para distraerse (amuse themselves) allí?
8. ¿Para qué sirve un muelle?

FORMACION DE PALABRAS

Diga qué palabras del vocabulario se derivan de las siguientes, y haga una oración con cada una.

1. salvar	4. nieve
2. sombra	5. tierra
3. bronce	6. ala

PALABRAS QUE SE CONFUNDEN

A. Boat

1. La palabra *boat* se aplica en inglés coloquial a embarcaciones de cualquier tamaño. En español la palabra **bote** se usa sólo para una embarcación pequeña. Si tiene remos se llama **bote de remos;** si tiene vela(s), **bote de vela;** si tiene motor **bote de motor.** En este último caso se usa también la palabra **lancha.**

   Podemos alquilar un **bote de motor** y dar un paseo por la bahía.
   We can rent a motor boat and go around the bay.

2. La palabra que se usa más frecuentemente para *fishing boat* es **la barca.**

   Los pescadores salieron en sus **barcas** antes del amanecer.
   Fishermen left in their fishing boats before dawn.

3. En el caso de una embarcación grande, se usan las palabras **barco, vapor** o **buque.** *Ocean liner* es **el transatlántico** y *yacht* es **el yate.**

   El barco llegará al puerto de Acapulco mañana.
   The ship will arrive at the port of Acapulco tomorrow.

B. Can, to Be Able to

1. Cuando *can* es sinónimo de "to be able to", equivale a **poder. Poder** expresa también la idea de *may* cuando se pide permiso.

   Con estos prismáticos se **puede** ver muy lejos.
   With these binoculars one can see very far.

   Puedo entrar en el agua ahora?—preguntó la niñita.
   "Can I (May I) go in the water now?" asked the little girl.

2. Cuando *can* es equivalente de "to know how" no se usa **poder** en español, sino **saber.**

   No me gusta ir a la playa porque no **sé** nadar.
   I don't like to go to the beach because I can't swim.

Práctica

Complete, usando el equivalente correspondiente de *boat* y de *can.*

1. No _____ leer el letrero porque estaba en japonés y yo no _____ leer japonés.

2. Todos los sábados veo en la televisión el programa "El ____ del amor" (Love Boat).
3. Vi la ____ de los pescadores cerca de la orilla.
4. Mañana habrá una competencia de ____ de vela, pero yo no ____ ir.
5. Pablo ____ cantar, pero hoy no ____ hacerlo porque tiene laringitis.
6. El hombre que estaba en el ____ de remos pedía auxilio porque no ____ nadar.
7. Había un ____ de pasajeros cerca, pero nadie ____ oírlo.
8. El millonario hizo un viaje por el Caribe en su lujoso ____.
9. —¿Quieres jugar al póquer? —Lo siento, no ____ jugar.
10. ¿Cómo se llamaba el ____ en el que fuiste a Europa?

LOS MODISMOS DE HOY

de hoy (ahora) en adelante	*from now on, henceforth*
en vez de	*instead of, rather than*
sobre todo	*especially*

De hoy en adelante no recogeré más conchas.
From now on I won't collect any more shells.

Algunas personas prefieren dormir la siesta en la arena **en vez de** nadar.
Some people prefer to take a nap on the sand rather than to swim.

Me gusta la playa, **sobre todo,** si no hace demasiado calor.
I like the beach, especially if it is not too hot (out).

Práctica

Conteste las preguntas, incluyendo en su respuesta el modismo que se indica.

1. Después del accidente, ¿volverás a nadar lejos de la orilla? **(de ahora en adelante)**
2. ¿Había gaviotas u otras aves marinas en la playa? **(sobre todo)**
3. ¿Encontraste los cangrejos que buscabas, o encontraste otros animales? **(en vez de)**
4. ¿Qué te gusta más de la playa: la arena, el mar o el sol? **(sobre todo)**
5. Hoy te quemaste mucho, ¿qué harás en el futuro para no volverte a quemar? **(de hoy en adelante)**
6. ¿Usaban ellos una pelota para jugar, o usaban otro objeto? **(en vez de)**
7. ¿Es agradable ir a la playa? **(sobre todo)**
8. ¿Dormía el hombre la siesta sobre una manta, o en una hamaca? **(en vez de)**

PRACTICA DE VOCABULARIO

A. Dé la palabra correspondiente a cada definición.

1. nadar debajo de agua
2. pagar por el uso temporal de un objeto
3. algo que no está seco
4. torre que sirve de guía a las embarcaciones
5. pez muy voraz y peligroso
6. lugar donde se unen la arena y el mar
7. cubrir con tierra o con arena
8. animal extraño que tiene cinco puntas o brazos
9. pájaro marino
10. cubierta dura que protege a muchos moluscos
11. morir en el agua por falta de aire
12. tomar el sol en exceso

B. Forme oraciones con los siguientes pares de palabras.

1. salvavidas / silbato
2. muelle / embarcación
3. viejos verdes / prismáticos
4. castillo de arena / cubo
5. conchas / caracoles

TEMAS Y SUGERENCIAS

1. Prepare una charla con el título: "Un día agradable que pasé en la playa."
2. Comente sobre los deportes de verano y otras cosas divertidas que pueden hacerse en esta estación.
3. Muchas personas les tienen miedo a los tiburones. Comente sobre las costumbres de estos animales y el posible peligro que representan.
4. Imagine que Ud. es el salvavidas que se ve en la escena de este capítulo, y prepare una narración con el título: "Lo que pasó ayer en la playa." Incluya personas de la escena como personajes en su narración.
5. Las playas están muy llenas de gente los domingos, y muchas personas creen que así es más divertido. Otros, sin embargo, prefieren playas tranquilas y con poco público. Los estudiantes comentarán sobre las ventajas y desventajas que hay en cada caso, y sus preferencias personales.

6. En la escena no se ve ningún perro. En muchas playas está prohibido llevar animales. ¿Cree Ud. que está bien esta prohibición? ¿Por qué a muchas personas les gusta llevar a sus perros a la playa? ¿A qué lugares lleva Ud. el suyo?

COMENTARIO CULTURAL

Además de la atracción turística de sus playas, España ofrece otras diversiones para el verano, como la fiesta de San Fermín, que se celebra el 7 de julio en Pamplona.

¿Ha oído hablar de esta fiesta? ¿Sabe qué famoso escritor norteamericano la describe en una novela? ¿Por qué corre tanta gente por la calle? ¿Por qué correrán los toros? ¿Por qué es esto peligroso? ¿Le atrae a Ud. esta clase de diversión? ¿Se divierte también alguna gente en los Estados Unidos de manera peligrosa? Dé algunos ejemplos.

Joseph Viesti

ESCENA 27

EL OTOÑO

VOCABULARIO

axe **el hacha (f.)**
branch **la rama**
broom **la escoba**
bullet **la bala**
chain saw **la sierra**
costume **el disfraz**
deer **el venado**[1]
flag **la bandera**
football **la pelota de fútbol (americano)**
football helmet **el casco de fútbol**
forest **el bosque**
foul smell **la peste**
ghost **el fantasma**
Halloween **el Día de las Brujas**[2]
hunter **el cazador**
in ambush **en acecho**
jack o' lantern **la calabaza con una luz dentro**
leaves (dry) **las hojas (secas)**
log cabin **la cabaña de troncos**
logs (firewood) **la leña**
owl **el buho**
pipe **el tubo**
pointed **puntiagudo, -a**
pumpkin **la calabaza**
rake **el rastrillo**
rock **la piedra**
shade **la sombra**
sheet **la sábana**
shotgun **la escopeta**
skunk **el zorrillo**
slingshot **el tirapiedras**
Thanksgiving **el Día de (Acción de) Gracias**
turkey **el pavo**[3]
witch **la bruja**
woodcutter **el leñador**

---

[1]el ciervo [2]En los países hispánicos no se celebra este día [3]el guajolote (Mex.)

to aim **apuntar**
to burn **quemar**
to carve a face **tallar una cara**
to collect **recoger**
to crush **aplastar**
to cut down a tree **cortar un árbol**
to hunt **cazar**
to play a trick **hacer una travesura**[4]
to rake **rastrillar**
to romp **retozar**
to shoot **disparar**
to start a fire **comenzar un fuego**
to wear a costume **disfrazarse**
to wound **herir**

Preguntas

1. Describa lo que se ve en el cielo.
2. Explique la presencia de los "fantasmas".
3. ¿Cómo sabríamos qué estación del año es, aunque no viéramos la bruja y los niños disfrazados?
4. ¿Cuánto tiempo de vida le quedará a este pavo? Explique.
5. ¿Qué harán los niños probablemente con la calabaza?
6. Explique para qué cortará el leñador el árbol y cómo lo hace.
7. ¿Cómo sabemos que el leñador ya usó el hacha y que probablemente la usará otra vez?
8. ¿Quién ayuda al leñador y cómo lo ayuda?
9. ¿Para qué utiliza la chica el rastrillo?
10. ¿Por qué deberá esta chica moverse pronto del lugar donde está?
11. ¿Por qué podemos suponer lo que busca el chico dentro del tubo? ¿Dónde está lo que él busca?
12. ¿Qué hace el muchacho del tirapiedras?
13. ¿Cómo se divierten el niño y la niña que se ven a la izquierda?
14. ¿Por qué podemos suponer que los otros dos niños que están a la izquierda no están retozando, sino peleando en serio?
15. ¿Por qué es muy posible que se interrumpa pronto esta pelea?
16. ¿Quién es el hombre de la escopeta, y por qué está en acecho?

Más Preguntas

1. Además de tallar una cara en ella, ¿de qué otras maneras se utiliza una calabaza?
2. ¿Es Ud. aficionado a la caza, o enemigo de ella? Explique su posición.
3. Si hay chimenea en su casa, diga cómo consiguen Uds. la leña.
4. ¿Por qué en un bosque es más prudente recoger las hojas que quemarlas?

[4] "Trick or Treat" pudiera traducirse como: "Una travesura o un obsequio"

5. Explique el uso de un tirapiedras. ¿Ha tenido Ud. uno alguna vez? ¿Cómo lo usaba?
6. ¿Cuál es el resultado de un encuentro con un zorrillo? ¿Ha tenido Ud. un encuentro?
7. Explique las diferentes maneras en que es útil un árbol.
8. Explique cómo se hace un disfraz de fantasma.

FORMACION DE PALABRAS

El sufijo **-azo** se añade frecuentemente al nombre de un objeto para indicar un golpe o herida recibido con ese objeto: **balazo** *(shot wound),* **bastonazo** *(blow with a cane),* **flechazo** *(arrow wound),* **hachazo** *(stroke with an axe),* **latigazo** *(lash with a whip),* **puñetazo** *(blow with the fist).*

Algunos golpes y heridas toman otros sufijos: **cuchillada** *(knife cut),* **pedrada** *(stone blow).*

Práctica

A. Usando el sufijo **-azo,** diga cómo se llaman los golpes dados con lo siguiente.

1. la cabeza
2. el codo
3. la rodilla
4. un zapato
5. un sombrero
6. una escoba
7. un palo
8. una silla

B. Basándose en la escena, diga.

1. ¿Quiénes se dan o se darán puñetazos?
2. ¿Qué va a recibir pronto un hachazo?
3. ¿Quién puede morir de un balazo?
4. ¿Quién va a recibir una pedrada?
5. ¿A qué se le da cuchilladas el Día de las Brujas?

PALABRAS QUE SE CONFUNDEN

To Become

1. El equivalente de *to become* es **hacerse** cuando la persona toma una profesión o entra a formar parte de un grupo político, religioso, etc.

   Cuando Juan perdió su empleo en la fábrica, **se hizo** leñador.
   When John lost his job at the factory, he became a woodcutter.

   ¿Quieres **hacerte** miembro del Club de Español?
   Do you want to become a member of the Spanish Club?

2. **Llegar a ser** significa *to become* en el sentido de "get to be", e indica un resultado que tomó mucho tiempo o fue difícil de obtener.

Aunque Lincoln nació en una cabaña, **llegó a ser** presidente.
Although Lincoln was born in a cabin, he became president.

Un perro y un gato pueden **llegar a ser** amigos si se crían juntos.
A dog and a cat can become friends if they are raised together.

3. **Convertirse en** se usa cuando *to become* es sinónimo de "to turn into".

    El agua **se convierte en** hielo a los 32 grados.
    Water becomes (turns into) ice at 32 degrees.

    ¿Cree Ud. que una bruja puede **convertirse en** un animal?
    Do you believe that a witch can turn into an animal?

4. **Hacerse** se usa con algunos adjetivos y adverbios en expresiones idiomáticas que hay que memorizar. Las más comunes son:

hacerse de noche	*to get dark*
hacerse tarde	*to become late, be getting late*
hacerse rico	*to become rich*

    Compro billetes de lotería porque quiero **hacerme** rico.
    I buy lottery tickets because I want to become rich.

5. Como equivalente de *to become, to get, to turn,* **ponerse** indica un cambio físico, mental o emocional.

    Las hojas **se ponen** marrón antes de caerse del árbol.
    Leaves turn brown before falling off the tree.

    Dieguito **se puso** furioso cuando Pepín le quitó la bandera.
    Jimmy became furious when Joe took the flag from him.

6. **Volverse** expresa un cambio violento, y se usa principalmente en la expresión **volverse loco.**

    Si sigues preocupándote tanto por todo, **te volverás** loco.
    If you continue worrying so much about everything, you will go crazy.

7. **Quedarse** se usa con expresiones como **quedarse ciego** *(to go blind),* **quedarse calvo** *(to go bald),* **quedarse sordo** *(to go deaf).*

    El ruido excesivo puede hacer que una persona **se quede** sorda.
    Excessive noise can make a person go deaf.

Práctica

Exprese en español.

1. I know it is not easy but I will become a millionaire some day.
2. As soon as it got dark the witch turned into a cat.
3. The hunter became nervous when he saw the deer.
4. I am afraid I will go crazy.
5. She blushed *(colorada)* each time she talked to a boy.
6. He went blind because of so much studying.
7. His family is Catholic but he became a Protestant recently.
8. That pumpkin will soon become a delicious pie.

LOS MODISMOS DE HOY

a medida que *as*

A medida que se acerca el invierno los días se hacen más cortos.
As winter approaches days become shorter.

La gente se veía más y más pequeña **a medida que** nos alejábamos.
People looked smaller and smaller as we walked away.

Este modismo indica siempre una relación o proporción entre dos verbos que son contemporáneos uno del otro. En el pasado se usa sólo en el imperfecto.

no tener más remedio que + inf. *to have no choice but + inf.*

Necesitamos leña, **no tendremos más remedio que** cortar el árbol.
We need logs, we will have no choice but to cut down the tree.

Práctica

A. Haga tres oraciones en el presente y tres oraciones en el pasado usando **a medida que.**

B. Conteste usando **no tener más remedio que** en el tiempo adecuado.

1. ¿Ayudará la niña a su padre?
2. ¿Quemas siempre las hojas después de recogerlas?
3. ¿Huiste cuando viste el zorrillo?
4. ¿Dejarán de pelear los chicos?
5. ¿Les dará Ud. dulces a los chicos el Día de las Brujas?
6. ¿Mató el hombre el pavo?
7. ¿Cortaba él árboles todos los días?
8. ¿Limpia el cazador su escopeta frecuentemente?

PRACTICA DE VOCABULARIO

A. Decida qué verbo completa correctamente cada oración, y úselo en el tiempo y persona apropiados: *aplastar, apuntar, cazar, disfrazarse, disparar, herir, recoger, retozar.*

1. De niño, _____ todos los años el Día de las Brujas.
2. El leñador no quiere que sus hijos _____ entre las hojas.
3. Fui cazador muchos años, pero nunca _____ venados.
4. Si estoy muy cerca de un árbol que están cortando, tengo peligro de que el árbol me _____.
5. Después que rastrillo las hojas, las _____ pero no las quemo.
6. El cazador _____ con su escopeta, _____ e _____ al venado, pero no lo mató.

B. Complete con la palabra apropiada.

1. Hay muchos árboles en un ____.
2. El leñador corta el árbol con una ____.
3. Los ____ son aves que hacen vida nocturna.
4. La ____ de los zorrillos es muy desagradable.
5. Es agradable ver la ____ quemarse en la chimenea.
6. Las brujas llevan un sombrero ____.
7. El plato principal del Día de Gracias es el ____.
8. Un revólver tiene seis ____.
9. Para hacer un "jack o' lantern" se ____ una cara con un cuchillo en una calabaza.
10. Es muy fácil improvisar un ____ de fantasma con una sábana.

CREACION

Imagine que tiene un amigo suramericano. Déle un nombre, una dirección y una personalidad, y escríbale una carta, invitándolo a pasar el Día de Acción de Gracias con Ud. y su familia. Explíquele a su amigo las costumbres norteamericanas en esta fiesta, y especialmente lo que se hace en la casa de Ud. para celebrarla.

TEMAS Y SUGERENCIAS

1. Hay muchas cosas que están a punto de suceder en esta escena. Imagine que han pasado diez minutos, y describa todos los cambios que ha habido.
2. La clase comentará sobre la historia de las brujas y las tradiciones y leyendas relacionadas con ellas.
3. Dé una buena receta para un pastel de calabaza.
4. Prepare una charla con el título: "Cómo se prepara el pavo en mi casa."
5. Los fanáticos del fútbol norteamericano siempre asocian el otoño con el fútbol. Se comentará en clase este deporte y su campeonato más reciente.
6. Escriba una composición con el título: "Lo que hacía yo el Día de las Brujas cuando era niño(a)."

COMENTARIO CULTURAL

En el otoño hay una fecha muy solemne en los países hispánicos relacionada con el culto de los muertos: es el dos de noviembre, Día de los (Fieles) Difuntos (*All Souls Day*).

Como Ud. sabe, las costumbres y ritos que rodean la muerte varían mucho de una cultura a otra. La costumbre católica, heredada de España, de ir a la iglesia el Día de los Difuntos y después visitar el cementerio para llevar flores, se con-

Victor Englebert

tinúa en todos los países hispánicos, pero en aquellos que tienen una numerosa población india, existe una interesante fusión de los dogmas y ceremonias cristianos con las tradiciones que los indígenas heredaron de sus antepasados. Por eso ellos añaden algo a la costumbre española: beben, comen, conversan y se divierten junto a las tumbas de los seres queridos.

¿Le parece a Ud. esto horrible, o encuentra lógico que la gente haga a sus difuntos participantes de sus funciones sociales? ¿Es posible honrar la memoria de los muertos queridos divirtiéndose en vez de llorar? Además de los indígenas del Nuevo Mundo, ¿se hace esto en otras culturas? ¿Le importaría a Ud. que sus amigos tuvieran una fiesta junto a su tumba?

SAL
SAL

ESCENA 28
EL INVIERNO

VOCABULARIO

acorn **la bellota**
bird feeder **el comedero de los pájaros**
carrot **la zanahoria**
chain **la cadena**
chair lift **el telesilla**
Christmas tree **el árbol de Navidad**
coal **el carbón**
crack **la grieta**
ear muffs **las orejeras**
engine **la locomotora**
fir tree **el abeto**
footprints **las huellas**
freight train **el tren de carga**
frost **la helada**
garland **la guirnalda**
hailing **el granizo**
nuts **las nueces**
ornaments **los adornos**
puddle **el charco**
safe **seguro,-a**
scarf **la bufanda**
skier **el (la) esquiador,-ra**
sled, toboggan **el tobogán**
sleigh **el trineo**
slope **la pendiente**
slippery **resbaloso,-a**
snow flakes **los copos de nieve**
snow tires **las gomas para la nieve**
snowball **la bola de nieve**
snowman **el muñeco de nieve**
squirrel **la ardilla**
top (of mountain) **la cima**
train cars **los vagones**
wreath **la corona**

Palabras cognadas: el cable, el carro-tanque, la ruta

to be sensitive to cold **ser friolento, -a**
to crack **quebrarse (ie)**
to frost **helar (ie)**
to get stuck (in snow, etc.) **atascarse**
to hail **granizar**
to hit (something or someone) **dar(le) (a algo o a alguien)**
to knock down **derribar**
to melt **derretirse (i)**
to roll **rodar (ue)**
to shovel **palear**
to ski **esquiar**
to slide **deslizarse**
to slip, skid **resbalar**
to snow **nevar (ie)**
to spread salt **regar (ie) sal**
to start (car or motor) **arrancar**
to store **almacenar**
to throw, toss **tirar, lanzar**
to tremble, shake **temblar (ie)**

Preguntas

1. Además de la nieve, ¿qué materiales se han usado para hacer el muñeco?
2. ¿Cómo se divierten los chicos con las bolas de nieve?
3. ¿Qué persona es friolenta? ¿Cómo lo sabe Ud.?
4. ¿Será seguro patinar en este hielo o será peligroso? ¿Por qué?
5. ¿Por qué es lógico pensar que la niñita no sabe patinar?
6. Explique lo que le pasó al patinador, y por qué.
7. ¿Por qué hay charcos en el camino?
8. ¿Cómo sabemos que esta escena sucede antes de la Navidad?
9. ¿Cómo se divierten los chicos que están cerca de la casa?
10. Explique qué accidente está a punto de suceder.
11. Explique quién usa el tronco del árbol como almacén y lo que almacenará en él.
12. ¿Por qué hay pájaros cerca del árbol?
13. Explique lo que hace el hombre que está cerca de la casa y para qué lo hace.
14. ¿Qué partes del tren vemos y cómo sabemos qué clase de tren es?
15. Si el dueño del coche consigue arrancarlo, ¿qué otros problemas tendrá y cómo podrá resolverlos?
16. Explique cómo funciona el telesilla que se ve y por qué es necesario.

Más Preguntas

1. ¿Qué cosas positivas y qué cosas negativas se pueden decir de la nieve?
2. ¿Qué se le hace a un abeto para convertirlo en árbol de Navidad?
3. ¿Cuáles son las ventajas y las desventajas de usar un abeto y un árbol de Navidad artificial?
4. ¿Cómo puede evitarse que un vehículo se atasque en la nieve? Si se ha atascado su coche alguna vez, cuéntenos qué pasó.
5. ¿Cómo podemos saber la ruta que siguió una persona, observando la nieve?

6. ¿Por qué mucha gente les da comida a los pájaros en invierno? ¿Se la da Ud.?
7. ¿A qué deportes de invierno es aficionado Ud.? Háblenos de ellos.
8. ¿Qué regalos espera Ud. recibir esta Navidad? ¿Qué regalos le gustaría recibir?

FORMACION DE PALABRAS

Los sufijos **-ento,-a** y **-iento,-a** se añaden a muchos sustantivos y adjetivos para formar adjetivos: **amarillento** (de amarillo) *(yellowish),* **avariento** (de avaro) *(miserly),* **ceniciento** (de ceniza) *(ash-colored),* **friolento** (de frío) *(sensitive to the cold),* **grasiento** (de grasa) *(greasy),* **hambriento** (de hambre) *(hungry),* **sediento** (de sed) *(thirsty),* **soñoliento** (de sueño) *(sleepy).*

Práctica

Conteste usando adjetivos terminados en **-ento, -iento.**

1. ¿Tienes hambre ahora?
2. ¿Tienes sed?
3. ¿Cómo llamarías a una persona que almacena dinero sin gastar un centavo?
4. Va a nevar, ¿no ves qué gris está el cielo?
5. El chico que tiembla, ¿siente más frío que los demás?
6. Si no has dormido bien la noche anterior, ¿tienes sueño en clase?
7. ¿De qué color se pone a veces la ropa blanca cuando es vieja?
8. Si hay grasa en el camino, ¿resbalará el coche?

PALABRAS QUE SE CONFUNDEN

To Miss

1. Cuando *to miss* significa "to feel the lack of", or "to mourn the loss of", su equivalente es el modismo **echar de menos.**

    Echo de menos el clima tropical de mi patria.
    I miss the tropical climate of my homeland.

2. Cuando *to miss* es sinónimo de "to fail in hitting", se usa **fallar** o **no acertar.**

    El chico le apuntó a su amigo, pero **no acertó** y le dio en cambio al policía.
    The boy aimed at his friend but he missed and he hit the policeman instead.

3. *To miss* como sinónimo de "to lose" o "to be absent from" es **perder(se).**

    Date prisa, no quiero perder (perderme) el principio de la película.
    Hurry up, I don't want to miss the beginning of the movie.

En algunos casos se usa también **faltar a.** Los más comunes son **faltar a clase** *(to miss a class or classes),* **faltar al trabajo** *(to miss work),* **faltar a una reunión** *(to be absent from a meeting).*

Gerardo fue el único estudiante que **faltó a** la reunión.
Gerald was the only student who was absent from the meeting.

4. Con referencia a un medio de transporte, se usa **perder** o **írse(le) (a uno).**

Perdimos (Se nos fue) el tren de las diez.
We missed the ten o'clock train.

5. *To miss* como sinónimo de "to discover the absence of" es **faltar(le) (a uno),** que usa la misma construcción que el verbo **gustar.**

A mamá **le faltan** diez dólares. ¿Los has cogido tú?
Mother is missing ten dollars. Have you taken it?

Práctica

Conteste, incluyendo en su respuesta un equivalente de "to miss".

1. ¿Qué haces si hay nieve y descubres que te faltan las botas para la nieve?
2. ¿Llegas tarde a veces y te pierdes el principio de la clase?
3. ¿Crees que el (la) profesor(a) te echa de menos el día que faltas a clase?
4. ¿Qué le pasa al estudiante que falta mucho a clase?
5. ¿Qué lugar o persona has echado de menos alguna vez?
6. ¿Te ha faltado alguna vez un libro? ¿Dinero? ¿Otra cosa?
7. ¿Qué puede pasarle a alguien que falta a su trabajo con frecuencia?
8. ¿Qué haces cuando se te va el autobús?
9. ¿Eres una de esas personas que no se pierden una fiesta?
10. Cuando tiras un papel al cesto, ¿aciertas siempre, o fallas a veces?

LOS MODISMOS DE HOY

poco a poco	*little by little*
por poco + pres. tense	*almost, just about, nearly + past tense*

La ardilla se iba acercando a nosotros **poco a poco.**
The squirrel was approaching us little by little.

Mi hermano resbaló y **por poco yo resbalo** también.
My brother slipped and I almost slipped too.

Práctica

Exprese en español.

1. Little by little one goes far.
2. The boys nearly hit the man with a snowball.
3. The snowman almost melted when the truck threw salt at it.
4. Little by little, the girl was learning to skate.

5. The woman almost slipped on the greasy sidewalk.
6. The boy in *(del)* the sled nearly knocked down the woman.

PRACTICA DE VOCABULARIO

Sustituya las palabras en cursiva por palabras o expresiones sinónimas.

1. Vi en la nieve *la marca de sus pies.*
2. El auto no tenía gomas de nieve y *no podía moverse.*
3. La nieve *se convierte en agua* cuando sube la temperatura.
4. El telesilla subía hasta *la parte superior* de la montaña.
5. Compraremos *luces, guirnaldas y bolas* para el árbol de Navidad.
6. Hacía tanto frío que no pude *echar a andar* el motor de mi coche.
7. Un tren de carga tiene muchos más *carros* que un tren de pasajeros.
8. Las *marcas* que se ven en el hielo indican que se está quebrando.
9. *Los que esquían* tienen accidentes con mucha frecuencia.
10. Los pájaros vuelan cerca del *lugar donde les ponen la comida.*
11. El hielo no parece muy sólido. Tengo miedo de que *se rompa.*
12. Es muy divertido *moverse* sobre la nieve en un tobogán.

CREACION

Imagine que Ud. es un turista norteamericano que no sabe nada de la América del Sur y que da un viaje a la Argentina en el mes de julio, llevando la maleta llena de ropa de verano y hasta un traje de baño. Escriba desde allá una carta a un amigo norteamericano que piensa hacer el mismo viaje, contándole su experiencia y aconsejándole lo que debe llevar.

TEMAS Y SUGERENCIAS

1. Prepare una charla con el título: "Por qué me gusta (no me gusta) la Navidad."
2. La Navidad está perdiendo su encanto *(charm)* tradicional en los Estados Unidos, porque se ha comercializado. Comente sobre esto.
3. Hable de las ventajas y desventajas de un clima frío comparado con un clima tropical.
4. Decida cuáles de las personas que se ven en la escena viven en la casa, deles una identidad, y cuéntele la historia de la familia a la clase.
5. Prepare una charla con el título: "Mis recuerdos de Navidad cuando era niño(a)."

COMENTARIO CULTURAL

Las tradiciones relacionadas con la Navidad tienen todavía mucha importancia en los países hispánicos. Aunque en las grandes ciudades no es raro ver árboles de Navidad y figuras de Santa Claus, los típicos símbolos del Nacimiento (*Manger*) y los Tres Reyes Magos son los que predominan.

México es uno de los países que mantiene más fielmente las antiguas celebraciones navideñas. En la fotografía se ve una escena de "las posadas", que tienen lugar en nueve noches consecutivas, comenzando el 16 de diciembre.

"Las posadas", cuyo nombre significa "inns", conmemoran el viaje de José y María a Belén buscando alojamiento (*lodging*). La gente se distribuye en dos grupos: unos representan a José y María y otros a los dueños de la posada. Este último papel se divide generalmente entre nueve familias, una para cada noche. El grupo de José y María va por las calles cantando villancicos (*Christmas carols*) y llama a muchas casas, en las cuales siempre les contestan: "No hay posada", hasta que llegan a la casa especial de la noche, donde son admitidos y encuentran una gran fiesta.

¿Ha participado Ud. alguna vez en una celebración de tipo tradicional, como ésta? ¿Conoce Ud. algún villancico? ¿Y otro canto folklórico? ¿En español?

Peter Menzel/Stock, Boston, Inc.

APPENDIX

REGULAR VERBS

INFINITIVE **PAST PARTICIPLE** **PRES. PARTICIPLE**	**hablar** hablado hablando		**comer** comido comiendo		**vivir** vivido viviendo	
PRESENT	hablo hablas habla	hablamos habláis hablan	como comes come	comemos coméis comen	vivo vives vive	vivimos vivís viven
PRETERITE	hablé hablaste habló	hablamos hablasteis hablaron	comí comiste comió	comimos comisteis comieron	viví viviste vivió	vivimos vivisteis vivieron
IMPERFECT	hablaba hablabas hablaba	hablábamos hablabais hablaban	comía comías comía	comíamos comíais comían	vivía vivías vivía	vivíamos vivíais vivían
FUTURE	hablaré hablarás hablará	hablaremos hablaréis hablarán	comeré comerás comerá	comeremos comeréis comerán	viviré vivirás vivirá	viviremos viviréis vivirán
CONDITIONAL	hablaría hablarías hablaría	hablaríamos hablaríais hablarían	comería comerías comería	comeríamos comeríais comerían	viviría vivirías viviría	viviríamos viviríais vivirían
PRESENT SUBJUNCTIVE	hable hables hable	hablemos habléis hablen	coma comas coma	comamos comáis coman	viva vivas viva	vivamos viváis vivan
IMPERFECT SUBJUNCTIVE	hablara, -ase hablaras, -ases hablara, -ase	habláramos, -ásemos hablarais, -aseis hablaran, -asen	comiera, -ese comieras, -eses comiera, -ese	comiéramos, -ésemos comierais, -eseis comieran, -esen	viviera, -ese vivieras, -eses viviera, -ese	viviéramos, -ésemos vivierais, -eseis vivieran, -esen
COMMANDS	habla (tú) hable Ud.	hablad (vos.) hablen Uds.	come (tú) coma Ud.	comed (vos.) coman Uds.	vive (tú) viva Ud.	vivid (vos.) vivan Uds.

PERFECT TENSES

PRESENT PERFECT	he has ha	hemos habéis han	hablado, comido, vivido
PLUPERFECT	había habías había	habíamos habíais habían	hablado, comido, vivido

FUTURE PERFECT	habré habrás habrá	habremos habréis habrán	hablado, comido, vivido
CONDITIONAL PERFECT	habría habrías habría	habríamos habríais habrían	hablado, comido, vivido
PRESENT PERFECT SUBJUNCTIVE	haya hayas haya	hayamos hayáis hayan	hablado, comido, vivido
PLUPERFECT SUBJUNCTIVE	hubiera, -ese hubieras, -eses hubiera, -ese	hubiéramos, -ésemos hubierais, -eseis hubieran, -esen	hablado, comido, vivido

IRREGULAR PAST PARTICIPLES

abrir	**abierto**	envolver	**envuelto**	poner	**puesto**
cubrir	**cubierto**	escribir	**escrito**	romper	**roto**
decir	**dicho**	freír	**frito**	suponer	**supuesto**
descubrir	**descubierto**	hacer	**hecho**	ver	**visto**
devolver	**devuelto**	morir	**muerto**	volver	**vuelto**

STEM-CHANGING VERBS

CLASS I Verbs ending in **-ar** and **-er**.

Present indicative	1, 2, 3, 6*	*e* to *ie*
Present subjunctive	1, 2, 3, 6	*o* to *ue*
Imperative singular		

CERRAR *(to close)*

Present indicative	**cierro, cierras, cierra,** cerramos, cerráis, **cierran**
Present subjunctive	**cierre, cierres, cierre,** cerremos, cerréis, **cierren**
Imperative singular	**cierra** (tú)

VOLVER *(to return)*

Present indicative	**vuelvo, vuelves, vuelve,** volvemos, volvéis, **vuelven**
Present subjunctive	**vuelva, vuelvas, vuelva,** volvamos, volváis, **vuelvan**
Imperative singular	**vuelve** (tú)

Other verbs of this class: despertar *(to awaken),* empezar *(to begin),* negar *(to deny),* pensar *(to think),* sentarse *(to sit down),* encender *(to light),* entender *(to understand),* perder *(to lose),* acostarse *(to go to bed),* almorzar *(to eat lunch),* contar *(to count, tell),* costar *(to cost),* encontrar *(to find),* jugar *(to play),* rogar *(to beg),* soñar *(to dream),* doler *(to hurt),* mover *(to move)*

*Numbers indicate persons.

CLASS II Verbs ending in **-ir**

Present indicative	1, 2, 3, 6	*e* to *ie*
Present subjunctive	1, 2, 3, 6	*o* to *ue*
Imperative singular		

Present participle		
Preterite	3, 6	*e* to *i*
Present subjunctive	4, 5	*o* to *u*
Imperfect subjunctive	1, 2, 3, 4, 5, 6	

SENTIR *(to feel, regret)*

Present indicative	**siento, sientes, siente,** sentimos, sentís, **sienten**
Preterite	sentí, sentiste, **sintió,** sentimos, sentisteis, **sintieron**
Present subjunctive	**sienta, sientas, sienta, sintamos sintáis, sientan**
Imperfect subjunctive	**sintiera, sintieras, sintiera, sintiéramos, sintierais, sintieran; sintiese, sintieses, sintiese, sintiésemos, sintieseis, sintiesen**
Imperative singular	**siente** (tú)
Present participle	**sintiendo**

DORMIR *(to sleep)*

Present indicative	**duermo, duermes, duerme,** dormimos, dormís, **duermen**
Preterite	dormí, dormiste, **durmió,** dormimos, dormisteis, **durmieron**
Present subjunctive	**duerma, duermas, duerma, durmamos, durmaís, duerman**
Imperfect subjunctive	**durmiera, durmieras, durmiera, durmiéramos, durmierais, durmieran; durmiese, durmieses, durmiese, durmiésemos, durmieseis, durmiesen**
Imperative singular	**duerme (tú)**
Present participle	**durmiendo**

Other verbs of this class: divertirse *(to enjoy one's self),* mentir *(to lie),* preferir *(to prefer),* morir *(to die)*

CLASS III Verbs ending in **-ir**

Present indicative	1, 2, 3, 6	
Imperative singular		
Present participle		
Preterite	3, 6	*e* to *i*
Present subjunctive	1, 2, 3, 4, 5, 6	
Imperfect subjunctive	1, 2, 3, 4, 5, 6	

SERVIR *(to serve)*

Present indicative	**sirvo, sirves, sirve,** servimos, servís, **sirven**
Preterite	serví, serviste, **sirvió,** servimos, servisteis, **sirvieron**
Present subjunctive	**sirva, sirvas, sirva, sirvamos, sirváis, sirvan**
Imperfect subjunctive	**sirviera, sirvieras, sirviera, sirviéramos, sirvierais, sirvieran; sirviese, sirvieses, sirviese, sirviésemos, sirvieseis, sirviesen**
Imperative singular	**sirve (tú)**
Present participle	**sirviendo**

Other verbs of this class:	conseguir *(to get, accomplish)*, despedirse *(to say good-by)*, impedir *(to prevent)*, pedir *(to ask for)*, reír *(to laugh)*, repetir *(to repeat)*, seguir *(to follow, continue)*, sonreír *(to smile)*, vestir *(to dress)*

VERBS WITH SPELLING CHANGES IN THE FIRST PERSON PRETERITE AND ALL PRESENT SUBJUNCTIVE

Verb ending	Change	Verbs
-car	c to qu	acercarse *(to approach)*, buscar *(to look for)*, colocar *(to place)*, explicar *(to explain)*, indicar *(to indicate)*, pescar *(to fish)*, sacar *(to take out)*, tocar *(to play music; to touch)*
-gar	g to gu	apagar *(to turn off)*, entregar *(to hand over)*, jugar *(to play a game)*, llegar *(to arrive)*, pagar *(to pay for)*, rogar(ue) *(to beg)*
-guar	gu to gü	averiguar *(to find out)*
-zar	z to c	alcanzar *(to reach)*

VERBS WITH SPELLING CHANGES IN THE FIRST PERSON PRESENT INDICATIVE AND ALL PRESENT SUBJUNCTIVE

Verb ending	Change	Verbs
-ger and -gir	g to j	coger *(to take)*, elegir *(to select, elect)*, escoger *(to choose)*
-guir	gu to g	conseguir (i, i) *(to obtain)*, distinguir *(to distinguish)*, seguir (i, i) *(to follow)*
-cer and -cir preceded by consonant	c to z	vencer *(to overcome)*, zurcir *(to darn, mend)*
-cer preceded by vowel	c to zc	crecer *(to grow)*, florecer *(to flourish)*, merecer *(to deserve)*, nacer *(to be born)*, ofrecer *(to offer)*, parecer *(to seem)*, pertenecer *(to belong to)*, reconocer *(to recognize)*

GLOSSARY

about acerca de
above sobre
accessories accesorios, *m. pl.*
according to según
accordion acordeón, *m.*
account (checking) (savings) cuenta (corriente) (de ahorros)
accustomed, to be – soler(ue), estar acostumbrado, -a
acne cream crema para el acné
acorn bellota
actor's double doble de un actor
actual real, *m. & f.*, verdadero, -a
to **add**; *(arith.)* añadir; sumar
adding machine sumadora
address dirección, *f.*
addressee destinatario, -a
adhesive bandage curita
to **advance** adelantar, avanzar
(dis)advantage (des)ventaja
to **advertise** anunciar
advertisement anuncio, aviso *(S.A.)*
advice consejo
to **advise** aconsejar
affection afecto
afraid, to be – tener miedo (de)
afterward después
again otra vez, de nuevo
against contra
age edad, *f.*
to **agree** estar de acuerdo
agreement acuerdo
ahead; to go – delante, adelante; seguir
to **aim** apuntar
airline línea aérea
air mail; via – correo aéreo; por avión
airplane avión, *m.*
aisle pasillo
alarm; -clock alarma; (reloj) despertador, *m.*
alcohol alcohol, *m.*
alive vivo, -a
almost casi
alone solo, -a
already ya
although aunque
aluminum aluminio
ambulance ambulancia
(in) ambush en acecho
amethyst amatista
amount cantidad, *f.*
amplifier amplificador, m.
anemic, to be – tener anemia
anesthesia (general) (local) anestesia (general) (local)
anger ira
angry enojado, -a, enfadado, -a
ankle tobillo
announcer anunciador, -ra
ant hormiga
antenna (television) antena (de televisión)
any (at all) cualquier + *noun*
anyone (at all) cualquiera
to **appear** aparecer (zc)
to **applaud** aplaudir
apple manzana
appliances aparatos eléctricos
application solicitud, *f.*
to **appoint** nombrar
appointment turno; cita
to **approach** acercarse (a)
apron delantal, *m.*
aquamarine aguamarina
architect arquitecto, *m. & f.*
argue discutir
armchair sillón, *m.*
army ejército
around alrededor
to **arrange** arreglar
arrival llegada
to **arrive; – early; – late; – on time** llegar; – temprano; – tarde; – a tiempo
arrow flecha
ashes, cinders cenizas, *f. pl.*
ash tray cenicero
aside aparte, además
to **ask; – for** preguntar; pedir
asparagus espárrago
astonish asombrar
at first sight a simple vista
at least siquiera, por lo menos
at once en seguida
to **attend** asistir (a)
attentive atento, -a
attic ático, desván, *m.*
audience público
avenue avenida

Words that end in **-o** are masculine and words that end in **-a** are feminine. In case of exceptions or other endings gender is given.

avocado aguacate
avoid evitar
awning toldo
axe el hacha, *f.*

baby bird pichón, *m.*
baby carriage cochecito
baby's bib babero
back (human); (animal); (furniture); in the – (of a room); on the – (of a paper) espalda; lomo; respaldo; al fondo; al dorso
backward al revés
bacon tocino, tocineta
bad check cheque sin fondos, *m.*
bag bolsa, bolso, cartera
baggage; compartment equipaje, *m.;* sección de equipajes, *f. sing.*
to **bake** hornear
bakery panadería
balance balance, *m.*
balcony balcón, *m.*
bald calvo, -a
balloon globo
balloon vendor globero
banana plátano
bandage venda
bandaged vendado, -a
bangs (hair) flequillo
banister pasamanos, *m.*
bank book libreta de ahorros
banker empleado, -a de banco
bank manager gerente de banco, *m. & f.*
bank owner, high executive banquero, -a
banner gallardete, *m.*
barbecue barbacoa
barber shop barbería, peluquería
barber shop pole poste de barbería, *m.*
barefoot descalzo, -a
bargain ganga
bargain sale liquidación, *f.*
barley cebada
basement sótano
basket (hand) cesta (de mano)
bass guitar bajo
bat murciélago
bath salts sales de baño, *f. pl.*
to **bathe** bañar(se)
bathroom baño
bathtub bañera, tina
battery (car); (general) acumulador, *m.;* pila
to **be about to** estar a punto de
beach (bag) (ball) (coat) (bolsa) (pelota) (bata) de playa
bear oso, -a
beard barba
to **beat, whip** batir
beautiful bello, -a, hermoso, -a
to **be born** nacer
to **become** hacerse, ponerse, convertirse (en), volverse
bed (full) (twin) cama (doble) (individual)
bedroom dormitorio
bedspread colcha, sobrecama
bee abeja
to **begin** empezar (ie), comenzar (ie)
beginning comienzo, principio
behind *(adv.)* detrás
to **believe** creer
bell; (elec. and hotel); (small) campana; timbre; campanilla
bellboy botones, *m.*
to **belong** pertenecer (zc)
belt cinturón, *m.*
bench banco
to **bend** inclinar(se); doblar
beneath debajo
bent over agachado, -a
beret boina
besides además
bet; to – apeusta; apostar (ue)
better, best mejor
between, among entre
bicycle bicicleta
bill; (bank) cuenta; billete, *m.*
billboard cartelera
binoculars prismáticos, *m. pl.*
bird el ave, *f.*
bird feeder comedero de pájaros
birth nacimiento
bishop (chess) alfil, *m.*
bite; to – mordedura; morder (ue)
bite (insect); to – picada; picar
bitter amargo, -a
blanket manta, frazada
bleach (for washing); to – (hair) blanqueador, *m.;* decolorar
blender licuadora
blind; (window) ciego, -a; persiana
blizzard ventisca
block cuadra *(S. A.),* manzana
blond(e) rubio, -a
blood sangre, *f.*
blotter secante, *m.*
blouse blusa
blow; to – golpe, *m.;* soplar
to **blow dry** secar con secador
blueprint plano
blush *(cosm.);* **to –** colorete, *m.;* ponerse colorado, -a
boar jabalí, *m.*
board; (piece of wood); (game) pizarra; tabla; tablero
to **board (the plane)** subir (al avión)
boarding house casa de huéspedes
boat; (large) bote, *m.;* barco, buque, *m.*
bobby pin ganchito
body cuerpo
bodyguard guardaespaldas, *m.*
to **boil** hervir (ie, i)

bone hueso
booth cabina
to **bore** aburrir
bored, to get – aburrirse
boring aburrido, -a
to **borrow** pedir prestado, -a
boss jefe, -a
both ambos, -as
bottle; (perfume) botella; frasco
bottom fondo
bow (ribbon); (violin) lazo; arco
bow tie corbata de lazo
bowl pozuelo
box; (wooden) caja; cajón, *m.*
bracelet pulsera
braid trenza
brake; to – freno; frenar
branch (tree); (business) rama; sucursal, *f.*
brassiere ajustador, *m.*
bread pan, *m.*
bread basket cesta del pan, *f.*
to **break, tear** romper
to **breathe** respirar
brick ladrillo
bridal gown traje de novia, *m.*
bridge puente, *m.*
brief case maletín, *m.*
to **bring** traer
brook arroyo
broom escoba
brown; (hair) color café; castaño
brunette moreno, -a
to **brush** cepillar
brush; (painter's) cepillo; brocha
bubble bath baño de burbujas
building edificio
bull toro
bulletin board tablón de anuncios, *m.*
to **bump into; crash** chocar
bumper defensa, parachoques, *m.*
bun (hair) moño
bunch; (of flowers); (of grapes); (of vegetables) montón, *m.;* ramo; racimo; mazo
burn; to – quemadura; quemar(se)
burner hornilla
to **bury** enterrar
bus; school – autobús; – escolar, *m.*
bus driver chofer de autobús, *m. & f.*
bus stop parada de autobuses
bushes, shrubbery arbustos, *m. pl.*
businessman (woman) hombre (mujer) de negocios
butcher carnicero
butter; – knife mantequilla; cuchillo de
butterfly mariposa
button botón, *m.*
to **buy (with cash)** comprar (al contado)
to **buy something for one's consumption** consumir
by the hand de la mano

cage jaula
cake, pie pastel, *m.*
calendar calendario, almanaque, *m.*
calf ternero
calf length a media pierna
camel camello
can; – opener lata; abrelatas, *m.*
can; (to know how) poder (ue); saber
cancelled cancelado, -a
candle vela
candy dulces, *m. pl.*
cane (walking) bastón, *m.*
canister lata
canned enlatado, -a, en conserva
canoe canoa
cap gorro, gorra
capable capaz, *m. & f.*
cape capa
car salesman vendedor, -ra de automóviles
carbon paper papel carbón, *m.*
carnation clavel, *m.*
carnivorous carnívoro, -a
carpenter carpintero
carrot zanahoria
to **carry; (a suitcase or something heavy)** llevar; cargar
cart carrito
to **carve** tallar
case; (instrument or jewel) caso; estuche, *m.*
cash efectivo; en efectivo, al contado
to **cash a check** cambiar un cheque
cash register caja (contadora)
cashier, teller cajero, -a
cassette ; – player caset, *m.;* tocacintas, *m.*
cast; in a – yeso; enyesado, -a
castanets castañuelas, *f. pl.*
to **catch** coger, atrapar
cathedral catedral, *f.*
cave cueva
to **cease** cesar (de)
cement cemento
centerpiece centro de mesa, *m.*
century siglo
certified, registered certificado, -a
chain; (small) cadena; cadenita
chair lift telesilla, *m.*
chalk tiza
chambermaid camarera
chandelier araña
change (money); "Keep the –" cambio, vuelto; Quédese con el vuelto
to **change; (clothes)** cambiar (de); cambiarse de ropa
to **(dis)charge the battery** (des)cargar el acumulador
charm (jewel) dije, *m.*
to **chase** perseguir(i)
cheap barato, -a
to **check (into a hotel); – one's coat; – one's baggage; – (out of a hotel)** inscribirse; dar a guardar el abrigo; facturar el equipaje; salir

checkbook chequera
checked, plaid de cuadros, *m. & f.*
checkers damas, *f. pl*
cheerful alegre, *m. & f.*
cheese queso
cherry cereza
chess ajedrez, *m.*
chest (human); (for linen) pecho; arca
chick pollito
chicken pox pollo; varicela
child care cuidado de niños, *m.*
chimney; fireplace chimenea
china; (cabinet) loza; vitrina
choker (jewel) gargantilla
to **choose** escoger
Christmas tree árbol de Navidad, *m.*
church iglesia
cider (hard) sidra
cinnamon canela
to **claim** reclamar
claim check talón, *m.*
classified ad anuncio clasificado
cleaning, *n.* limpieza
cleanser limpiador, *m.*
clearance sale liquidación, *f.*
climb up trepar (por)
clip; to – presilla, grapa; recortar
clipping recorte, *m.*
closet ropero, armario
cloth paño
clothes brush cepillo de ropa, *m.*
clothes hung on line ropa tendida
clothes rack percha, perchero
cloud nube, *f.*
clumsy chapucero,-a
clutch bag sobre, *m*
coal carbón, *m.*
coast costa
coat; (of paint); (lab, butcher's); – room abrigo; mano, *f.;* bata; guardarropa, *m.*
cockpit cabina de mando, *f.*
coconut coco
coffee pot cafetera
coin moneda
cold cuts fiambres, *m. pl.*
collar; (dog's) cuello; collar, *m.*
collateral (for loan) garantía
to **collect (a debt); (to gather together); (stamps, etc.)** cobrar; recoger; coleccionar
comb; (ornamental); to – peine, *m.;* peineta; peinar(se)
combination combinación, *f.*
command; to – orden; mandar
(on) commission (a) comisión
common común, *m. & f.*
company, (Co.) compañía, (Cía.)
to **complain** quejarse
concert hall sala de conciertos, *f.*
concern; to – interés; interesar, relacionarse con
to **condemn** condenar
conductor's wand batuta
cone (ice cream) barquillo
confidence confianza
to **confuse** confundir
to **conquer** vencer
to **construct** construir
container recipiente, *m.;* envase, *m.*
contest concurso
cookie galletica
copier (foto)copiadora
cord cordón, *m.*
cork corcho
corn; – flakes maíz; hojuelas de maíz, *f. pl.*
corner (room); (street) rincón, *m.;* esquina
to **correct** corregir
correction fluid (paper) líquido (papel) corrector
costume disfraz, *m.*
cottage cheese requesón, *m.*
cotton algodón, *m.*
cough; to – tos, *f.;* toser
to **count; to tell** contar (ue)
counter (kitchen); (store) meseta; mostrador, *m.*
couple pareja
couturier modisto
to **(un)cover** (des)tapar
cow vaca
crab cangrejo
crack; to – grieta; quebrar(se) (ie)
crane grúa
(on) credit (a) crédito
crib (portable) cuna (portátil)
crime delito
criminal delincuente, *m. & f.*
crocodile cocodrilo
crooked torcido, -a
crop cosecha
cross; to – (the street) cruz, *f.;* cruzar (la calle)
crow cuervo
crowd muchedumbre, *f.*
crumbs migas (de pan), *f. pl.*
to **crush** aplastar
crutch muleta
to **cry** llorar
cucumber pepino
cuff links gemelos, *m. pl.*
culprit culpable, *m. & f.*
cultivated field sembrado
cup taza
curl; to – rizo; rizar
curly rizado
current corriente, *m. & f.*
curtain, drape cortina
curve curva
custom, habit costumbre, *f.*
customer cliente, *m. & f.*
customs aduana
cut; to – corte, *m.;* cortar

cuticle cutícula
cylinder cilindro
cymbals platillos, *m. pl.*

daisy margarita
damage daño, avería
dance; to – baile, *m.;* bailar
danger peligro
dangerous peligroso
to **dare (to)** atreverse (a)
dark oscuro,-a
darkness oscuridad, *f.*
dart dardo
day wages jornal, *m.*
deaf sordo,-a
dear querido,-a
to **deceive** engañar
deep, profound hondo,-a
deer ciervo, venado
to **defrost** descongelar
defroster descongelador
degree grado
to **delay** tardar
to **demand** exigir
dental assistant asistente dental, *m. & f.*
dented abollado,-a
to **deny** negar (ie)
deodorant desodorante, *m.*
departure salida
deposit; to – depósito; depositar
to **deprive** privar (de)
design; to – diseño; diseñar
designer diseñador,-ra
desire; to – el deseo, la gana; desear
desk escritorio
desk clerk recepcionista, *m. & f.*
desk pad carpeta
to **despise** despreciar
dessert cart carrito de los postres, *m.*
to **destroy** destruir
diamond brillante, diamante, *m.*
diaper pañal, *m.*
dice dados, *m. pl.*
to **dig** excavar
dinette set juego de antecomedor, *m.*
dining room set juego de comedor
diploma título
to **direct** dirigir
dishes; set of – loza; vajilla
dishwasher lavaplatos, *m.*
dishwashing liquid líquido de lavar platos
(on) display (en) exhibición
to **dispose** disponer
distant lejano,-a
distracted, absentminded distraído,-a
to **dive** bucear
diver buzo
to **divide, distribute** repartir
doctor's office consultorio
dog house perrera
doll muñeca
dome domo
doorman portero
double boiler baño de María, *m.*
dough masa
down; downstairs abajo
draft (foreign) giro (al extranjero)
draftsman; commercial artist dibujante, *m. & f.*
to **drag** arrastrar
dragonfly caballito del diablo
drawer gaveta
dream; to – sueño; soñar
dresser cómoda
drill taladro
drop (of liquid) gota
drop cloth lona
to **drown** ahogarse
drum; – kit tambor, *m.;* batería
dry seco,-a
dry cleaner's tintorería
dryer (clothes) secadora
during durante
dust, powder polvo
duster plumero
dustpan recogedor, *m.*
duty-free libre de derechos, *m. & f.*
dye; to – (one's hair) tinte, *m.;* tenir(se) el pelo

each cada, *m. & f.*
eagle el águila, *f.*
ear (inner); (outer) oído; oreja
early temprano
earmuffs orejeras, *f. pl.*
to **earn** ganar
earphone radio radio de audífonos, *m. & f.*
earphones audífonos, *m. pl.*
earring arete, *m.*
earthquake terremoto, temblor de tierra, *m.*
easily disturbed (sleep) ligero
east este, *m.*
Easter Pascua (de Resurrección)
Ecuadorian ecuatoriano,-a
edge borde, *m.*
effort esfuerzo
egg beater batidor de mano, *m.*
egg (yolk) (shell) (white) (yema) (cáscara) (clara) de huevo
electric saw sierra eléctrica
electric shaver máquina de afeitar (eléctrica)
embassy embajada
to **embrace, hug** abrazar
to **embroider** bordar
embroidery bordado
emerald esmeralda
employer patrón, *m.*

empty vacío,-a
to **endorse** endosar
ends (hair) puntas, *f. pl.*
engagement ring anillo de compromiso
engine locomotora, *f.*
to **enjoy** gozar (de)
enough suficiente
entrance entrada
envelope sobre, *m.*
eraser; (blackboard) goma (de borrar); borrador
errand mandado, diligencia
to **escape** escaparse
even *adv.* aun
evening gown traje de noche, *m.*
eyebrows cejas, *f. pl.*
eyelashes (false) pestañas (postizas)
eyelids párpados
eye shadow sombra para los ojos
excess weight (travelling) exceso de equipaje, sobrepeso
exit salida
expensive caro,-a
to **extend** extender (ie)
exterminator fumigador,-a

fabric tela
face cara
fact hecho
to **faint** desmayarse
faith fe, *f.*
faithful fiel, *m. & f.*
fall; to – ; (to – a building, wall) caída; caer(se); derrumbarse
to **fall asleep** quedarse dormido
to **fall in love** enamorarse
fame fama
fan (hand implement); (with blades) abanico; ventilador, *m.*
far lejos
fare pasaje, *m.*
farewell despedida, adiós
farm finca, granja
farmer granjero, labrador
fashion magazine figurín, *m.*
to **(un)fasten one's seatbelt** (des)abrocharse el cinturón
fat gordo,-a
fatigue cansancio
faucet grifo
fault falta
fear temor, *m.,* miedo
feather pluma
to **feed** dar de comer
to **feel** sentir (ie, i)
fence cerca
fever fiebre, *f.*
field; (cultivated) campo; sembrado
fight; to – pelea, riña; pelear
figure; (arith.) figura; cifra
file (tool); to – lima; limar
to **file (papers)** archivar
filing cabinet archivo
to **fill in one's medical history** llenar su hoja clínica
to **fill out an application** llenar una solicitud (una planilla)
to **find; – out** encontrar (ue); averiguar
to **fine** poner una multa
finger dedo
to **finish** terminar, acabar
fins aletas, *f. pl.*
fir tree abeto
fire; – alarm; – escape incendio, fuego; alarma de incendios; escalera de incendios
to **fire (a gun); (someone from a job)** disparar; despedir (i,i)
fire hydrant hidrante, *m.,* bomba (de agua)
fireman bombero
fireplace chimenea
first aid primeros auxilios
fish; to – pez, pescado; pescar
fishing boat barca
fishing rod caña de pescar
fist puño
to **fit (in a space)** caber
fitted entallado,-a
flag bandera
flames llamas, *f. pl.*
flammable inflamable, *m. & f.*
flashlight linterna
flat tire goma desinflada
to **flee** huir
flight vuelo
flood inundación, *f.*
flour harina
flower; – bouquet flor, *f.;* ramo de flores
flowered de flores
flowerpot tiesto, maceta
flower shop florería
flute flauta
fly (insect) mosca
to **fly; – a kite; – a plane** volar (ue); empinar un papalote; pilotear un avión
folder carpeta
following siguiente, *m. & f.*
foolish, fool tonto,-a
footprints huellas
footstool escabel, *m.*
forceps pinzas, *f. pl.*
forehead frente, *f.*
foreign, foreigner extranjero,-a
foreman, forelady capataz, *m. & f.*
forest bosque, *m.*
to **forget** olvidar(se) (de)
fork tenedor, *m.*
foul smell peste, *f.*
fountain fuente, *f.*
fox zorra, (*also* zorro)
freight, *adj.* de carga, *m. & f.*
friendship amistad, *f.*
frisbee disco volador

frog rana
from, since desde
front desk recepción, *f.*
frost; to – helada; helar (ie)
frozen; to be – congelado,-a, estar –
fruit stand puesto de frutas, frutería
to **fry** freír
frying pan sartén, *f.*
full, filled lleno,-a
funnel embudo
furniture; a piece of – ; – store muebles, *m. pl.;* mueble, *m.;* mueblería
fur stole estola de piel

to **gain weight** engordar
gall blader vesícula
gangster pandillero
garbage can latón de basura, *m.*
garden; – (for food) jardín, *m.;* huerta
gardening tools herramientas de jardinería
garland guirnalda
garlic (powder) ajo (en polvo)
garment prenda
gate puerta
general delivery (a) lista de correos
gentleman caballero
geranium geranio
germs microbios, *m. pl.*
gesture seña
to **get** conseguir (i, i)
to **get out of the way** apartarse
to **get stuck; – (in mud, snow, etc.)** trabarse; atascarse
ghost fantasma
gift; – wrap regalo; papel de –
gin ginebra
giraffe jirafa
to **give; (as a present)** dar; regalar
to **give birth** dar a luz
to **give (one) an injection** poner(le) una inyección (a uno)
glass; – (to drink); stem – cristal; vaso; copa
globe globo (del mundo)
glove guante, *m.*
glue; to – pegamento; pegar
glue (for paper) goma
glutton glotón,-na
goat cabra
goblet (water) (wine) copa (para agua) (para vino)
God Dios
good looks buena presencia
to **go on foot** andar a pie
gorilla gorila,
governor gobernador,-ra
gown (hospital) bata
grade (mark) nota
grain granos, *m. pl.*
grandson, granddaughter nieto,-a
grapefruit toronja
grapes uvas, *f. pl.*
grass hierba, yerba
grating reja
gray-haired canoso,-a
grease grasa
greasy grasiento,-a
greenhouse invernadero
to **greet** saludar
groceries comestibles, *m. pl.*
grooming aseo
group; *(mus.)* grupo; conjunto
to **grow; – (vegetables)** crecer (zc); cultivar
guard guardia, *m.*
guest huésped, *m. & f.*
Guinea pig conejillo de Indias
guitar (acoustic) (electric) la guitarra (acústica) (eléctrica)

habit costumbre, *f.*, hábito
to **haggle** regatear
hail; to – granizo; granizar
hair pelo, cabello
hairbrush cepillo de pelo
haircut corte de pelo, *m.*
hairdo peinado
hair dryer secador, *m.*
hair net redecilla
hairpiece postizo
hairpin horquilla
hair spray laca
hairy peludo,-a
Halloween Día de las Brujas
halt alto, pare
hamburger hamburguesa
hammer martillo
hammock hamaca
hamper cesto de la ropa sucia
handbag bolso, bolsa, cartera
hand cream crema para las manos
handcuffed esposado,-a
handcuffs esposas, *f. pl.*
handkerchief pañuelo
handle (long); (rounded) mango; el asa, *f.*
handsome guapo,-a
handwriting letra
to **hang** colgar (ue)
hanger gancho
hanging colgado,-a
to **happen** suceder
happening suceso
happiness dicha, felicidad, *f.*
hard duro,-a
hardly apenas
harmonic armónica
harp arpa
harvest; to – cosecha; cosechar
haste prisa
hatchet hachuela
hatred odio

haughty soberbio,-a
to **have a cold (a fever) (a sore throat)** tener catarro (fiebre) (dolor de garganta)
to **have an allergy** padecer (zc) de alergia
to **have just done something** acabar de
headlights faros
health salud, *f.*
healthy sano,-a
heart corazón, *m.*
heating system calefacción, *f.*
hedge seto
heel (high) (low) tacón, *m.* (alto) (bajo)
height; (person's) elevación, *f;* estatura
helicopter helicóptero
helmet casco
Help! ¡Auxilio! ¡Socorro!
to **help** ayudar
to **hide** esconder, ocultar
high alto,-a
to **highjack** secuestrar un avión
highjacker secuestrador,-ra de aviones
highway carretera
hill loma
hippopotamus hipopótamo
to **hire** emplear
to **hit; (run over)** pegar; atropellar
to **hitchhike** viajar a dedo
to **hold** sujetar
hole hoyo, agujero, hueco
hole punch perforadora
holiday día de fiesta
home, hearth hogar, *m.*
hood (car) capó
to **hop** brincar
hopscotch rayuela
horizon horizonte, *m.*
hors d'oeuvres entremeses, *m. pl.*
horse caballo
hose manguera
hot dog perro caliente
housecoat bata de casa
humble humilde, *m. & f.*
hunt cazar
hunter cazador,-ra
hurricane huracán, *m.*
to **hurry** apresurar(se)
hurt, *adj.;* **to – ; to – (person as subject)** lastimado,-a, herido,-a; doler; hacer daño
husband marido, esposo
hut choza, cabaña

icebox nevera
ice cream helado
ice cream cart carrito de los helados
ice cream vendor heladero
ice cubes (tray) cubitos (bandeja) de hielo
to **ice skate** patinar en el hielo
illness enfermedad, *f.*
inasmuch as puesto que
Incorporated (Inc.) Sociedad Anónima (S.A.)
to **increase** aumentar
incubator incubadora
indispensable indispensable, *m. & f.*
to **inform** avisar, informar
in front (of) (in a line) delante (de)
to **inject** inyectar
injure; to – herida; herir
ink pad almohadilla
to **innoculate** vacunar
inside; – out dentro; al revés
(on) installments (a) plazos
to **insulate** aislar
insurance agent (company) agente, *m. & f.* (compañía) de seguros
to **insure** asegurar
intercom intercomunicador, *m.*
interest interés, *m.*
intersection cruce, *m.*
interview; to – entrevista; entrevistar
in (out of) tune (des) afinado,-a
invention invento
to **invest** invertir (ie. i)
to **invite** convidar, invitar
iodine yodo
iron (metal) hierro
iron; to – plancha; planchar
ironing board tabla de planchar
island isla
ivory marfil, *m.*

jack (car) gato
jacket; (record) chaqueta; cubierta
jade jade, *m.*
jail cárcel, *f.*
jar pomo
jewel joya
jeweler joyero
jewelry store joyería
to **join (together)** juntar
joke broma
joyful alegre
judge juez, *m. & f.*
to **jump** tirarse, lanzarse

kangaroo canguro
to **keep; – silent** guardar; callarse
key; (typewriter, piano) llave, *f.;* tecla
keyboard teclado
kidney riñón, *m.*
to **kill** matar
kindness bondad, *f.*
king rey, *m.*
kiss; to – beso; besar
kitchen cabinet armario de cocina
kite papalote

knapsack mochila
to knead amasar
knee rodilla
to kneel arrodillarse
knife cuchillo
to knit tejer
knitted cap gorro tejido
knitting; – needles tejido; agujas de tejer
to knock down derribar
knocker llamador, *m.*
knot nudo

label etiqueta
lab technician laboratorista, *m. & f.*
lace encaje, *m.*
to lack carecer (zc) (de)
ladder escalera
lady dama
lagoon laguna
lake lago
lamp (floor) (table) lámpara (de pie) (de mesa)
lamppost poste de alumbrado, *m.*
lampshade pantalla
land; to – tierra; aterrizar
landscape paisaje, *m.*
lap regazo
lapel solapa
to last durar
last night anoche
to laugh reír(se)
laughter risa
law ley, *f.*
lawn; – mower césped, *m.;* cortadora de hierba, *f.*
lazy perezoso,-a
lead guitar requinto
leaf; to – hoja; hojear
leaking faucet grifo que gotea
leash traílla
least, less menos
to leave; – (something or someone) salir, irse; dejar
left, on the – izquierda, a la –
left-handed zurdo,-a
to lend prestar
length largo
to lengthen alargar
leopard leopardo
to let loose soltar (ue)
lettuce lechuga
level nivel, *m.*
librarian bibliotecario,-a
license plate placa
to lick lamer
lid tapa
lie; to – mentira; mentir (ie, i)
lifeguard salvavidas, *m.*
life preserver salvavidas, *m.*
light, *n.;* (not dark); (not heavy) luz; claro,-a; ligero,-a
lighthouse faro
to light up alumbrar, iluminar
lilac lila
line (of people); (geometry) cola; línea
linen ropa blanca
lion león, *m.*
lip labio
lipstick lápiz labial
liquor store licorería
to listen to escuchar
litter basket cesto de basura
live; lively vivo,-a
liver hígado
to (un)load (des)cargar
loan préstamo
lobby vestíbulo
lock; to – up cerradura; encerrar
locker taquilla
log; logs *(gen.)* leño, tronco; leña
log cabin cabaña de troncos
loneliness soledad, *f.*
long-term, *adj.* a largo plazo
to look; – at oneself mirar; mirarse
to look (seem); – like parecer; parecerse (a)
to look out of the window asomarse a la ventana
loose suelto,-a
to loosen aflojar
to lose; – weight perder (ie); adelgazar
lounge chair silla de extensión
love; to be in –; to fall in – amor; estar enamorado,-a; enamorarse (de)
lovey-dovey acaramelados
luck suerte, *f.*
luggage equipaje, *m.*
lung pulmón, *m.*
lying down acostado,-a

macaroni macarrones, *m. pl.*
machine máquina
machine gun ametralladora
magazine revista
mail; to – (general); to – a letter (put it into a mailbox) correspondencia; enviar (mandar) por correo; echar una carta
mail bag valija
mailbox buzón, *m.*
mailman cartero
mail order pedido por correo
make-up; to put on – maquillaje, *m.;* maquillarse
manager apoderado,-a
mane melena
manhole registro
manicure manicura
mannequin maniquí, *m.*
manner manera
mantlepiece repisa de la chimenea
marbles bolitas
married couple el matrimonio

to **marry** casar; casarse (con)
mask (diver's) máscara (de buzo)
mason albañil, *m. & f.*
mass (church service) misa
massage masaje, *m.*
master amo,-a
match fósforo, cerilla
maternity ward sala de maternidad
matter asunto
mauve (color) de color malva
meadow prado
measles sarampión, *m.*
to **measure** medir (i, i)
measuring cup (spoon) (tape) taza (cuchara) (cinta) de medir
medal medalla
medicine cabinet botiquín, *m.*
to **meet; (be introduced to); (someone who is arriving)** encontrarse (con); conocer; recibir
to **melt** derretir(se)
to **mend** remendar (ie)
menu menú, *m.;* lista
merry-go-round caballitos, *m. pl.,* tiovivo
message recado
midnight medianoche, *f.*
military man (woman) militar, *m. & f.*
milk; to –; – products leche, *f.;* ordeñar; productos lácteos
minister (rel.) ministro, pastor
mint menta
mirror (full length) (magnifying) espejo (de cuerpo entero) (de aumento)
misfortune desgracia
to **miss (fail in hitting); (feel an absence or loss); – classes (work)** no acertar (ie); echar de menos; faltar a clase (al trabajo)
mistaken, to be – equivocarse
mix; to – mezcla; mezclar
mixing bowl tazón, *m.*
to **moan** quejarse, gemir (i, i)
model modelo, *m. & f.*
mold molde, *m.*
money order giro postal, *m.*
monkey, ape mono,-a
monthly payment letra
moon luna
mop trapeador, *m.*
mortgage hipoteca
motel motel, *m.*
motorcycle motocicleta
motorcyclist motociclista, *m. & f.*
mountain montaña
mouse ratón
moustache bigote, *m.*
mouthwash enjuague bucal
move (in a game); to – ; (change residence) jugada; mover(se); mudarse; alejarse
movie star estrella de cine, *m. & f.*
moving company (van) agencia (camión) de mudanzas
mud fango, lodo
mug jarrito
to **mug** asaltar
mugger asaltante, *m. & f.*
mumps paperas, *f. pl.*
music sheet hoja de música
music stand atril, *m.*
musician músico,-a

nail; (metal); to – uña; clavo; clavar
nail polish esmalte para las uñas, *m.*
nail polish remover acetona
name plate placa
napkin servilleta
narrow estrecho,-a
native country patria
near cerca
neck cuello
necklace collar, *m.*
neckline (high) (low) escote, *m.* (alto) (bajo)
need, *n.;* **to-** necesidad, *f.;* necesitar
needle aguja
needlework, to do – bordar en cañamazo
to **neglect** descuidar
neighbor vecino,-a
neither tampoco
nest nido
net red, *f.*
nevertheless sin embargo
newlyweds reciencasados, *m. pl.*
news; a piece of – noticias; noticia
newspaper periódico, diario
next, nearest próximo,-a
nightmare; to have a – pesadilla, tener una –
noise ruido
noodles (very thin) fideos
noon mediodía, *m.*
nose nariz, *f.*
notice; to – aviso; fijarse (en)
nurse enfermero,-a
nut (edible); (metal) nuez, *f. (pl.* nueces); tuerca

to **obey** obedecer
to **offer** ofrecer (zc)
office; (doctor's); (lawyer's) oficina; consultorio; bufete
office boy mensajero
often a menudo
oil aceite, *m.*
oil & vinegar cruet aceitera y vinagrera
old ; – man (woman) viejo,-a, antiguo,-a; anciano,-a
omelet tortilla
one's own propio,-a
onion (powder) cebolla (en polvo)
onion skin paper papel cebolla
open; to – abierto,-a; abrir

to **operate on** operar
operating room (table) salón, *m.* (mesa) de operaciones
optical store óptica
optician optometrista, *m. & f.*
orange-colored, tangerine de color naranja
orchestra conductor director,-ra de orquesta
order; (com.); to –; to – (in a restaurant) orden, mandato; pedido; mandar; pedir (i,i)
organ órgano
ornament adorno
ostrich avestruz, *m.*
outlet (electric) enchufe, *m.*
outside afuera
oven horno
overcoat sobretodo
overdrawn, to be – sobregirarse
overnight bag maletín, *m.*
to **owe, ought, must** deber
owl buho
owner dueño,-a
ox buey, *m.*

pack (cigarette); to – cajetilla; empacar
padlock candado
pail cubo
pain dolor, *m.*
paint; to – pintura; pintar
painter pintor,-ra
painter pintor,-ra
painting cuadro
pair par, *m.*
pajamas pijama, *m. & f.*
palm tree palmera
panther pantera
panties pantalones, *m. pl.* pantaletas
pantihose pantimedias, *f. pl.*
pants pantalones, *m. pl.*
pant suit traje pantalón, *m.*
paper clip presilla, grapa
paper weight pisapapeles, *m. pl.*
paprika pimentón, *m.*
parachute paracaídas, *m. pl.*
parade; to – desfile, *m.;* desfilar
parasol sombrilla (de playa)
to **park** estacionar, parquear
parking ; – meter estacionamiento, parqueo; parquímetro, estacionómetro
parrot; (large) loro, cotorra; papagayo
part (down the middle) (to the side) raya (al medio) (al lado)
parts (for a car) piezas de repuesto
passenger pasajero,-a
passerby transeúnte, *m. & f.*
pastry pasteles, *m. pl.*
patent leather charol, *m.*
path sendero
patient paciente, *m. & f.*
paving pavimento
pawn peón, *m.*
to **pay customs** pagar (derechos de) aduana
peace paz, *f.*
peacock pavo real, *m.*
peanut maní, *m.*, cacahuate, *m.*
pear pera
pearl perla
pedestrian peatón, *m. & f.*
peep hole ventanilla
peg board tabla con agujeros
pegs (guitar), machine heads clavijas, *f. pl.*
pencil sharpener sacapuntas, *m.*
people gente, *f. sing.*
pepper; – shaker pimienta; pimentero
perhaps quizá(s)
permanent permanente, *m. & f.*
pheasant faisán, *m.*
photographer fotógrafo
photo studio fotografía
pickpocket carterista, *m. & f.*
pick-up, delivery; to – entrega(s); recoger
picnic merienda
pie pastel, *m.*
piece pieza, pedazo
pier muelle, *m.*
pig cerdo, puerco
pigeon, dove paloma
pigeonhole casillero
piggy bank alcancía
pig pen corral de cerdos
pile; to – up pila; apilar
pill pastilla, píldora
pillow (bed); (decorative) almohada; cojín, *m.*
pillowcase funda
pilot piloto, *m. & f.*
pin; (decorative) alfiler; alfiler, prendedor
pin cushion alfiletero
pineapple piña
pipe; (plumbing) pipa; tubo
pit foso
pitcher jarra
pitchfork horca
to **place** colocar
plaid, checked de cuadros
to **plant** sembrar (ie)
plaster yeso
plastic bag bolsa (bolsita) de plástico
plate plato
platform plataforma
to **play (with toys); (an instrument); – a trick; – cards (dice)** jugar (ue); tocar; hacer una maldad; jugar a las cartas (a los dados)
to **please** complacer (zc)
pleasure gusto, placer
pleated plisado,-a
pliers alicate(s), *m. sing or pl.*
to **plow** arar
to **(un)plug** (des)enchufar
plumber plomero
plumbing tubería

p. o. box apartado (de correos), casilla
pocket bolsillo
pointed puntiagudo,-a
to **point out** señalar
poison veneno
policeman (woman) policía, *m. & f.*
polka-dot lunares, *m. pl.*
pond estanque, *m.*
pony tail rabo de caballo
poodle perro de lanas
pool piscina
poppy amapola
port puerto
portable radio radio portátil, *m. & f.*
porter maletero
portrait retrato
position (job) puesto
to **possess** poseer
to **post (an account)** poner al corriente
to **post (signs)** fijar (carteles)
postage; – stamp franqueo; sello, estampilla
post card tarjeta (postal)
poster cartel, *m.*
post office money order giro postal
pot holder agarradera
poultry aves, *f. pl.*
pound libra
to **pour** echar, verter (ie)
powder; (bath); to – polvo(s); talco; ponerse (echarse) polvo(s)
powder puff mota
to **pray** rezar
prayer oración, *f.*
precious stone piedra preciosa
pregnant embarazada, en estado
prescription receta
present, *adj.* actual, *m. & f.*
to **pretend** fingir
to **prevent** impedir (i, i)
pride orgullo
priest sacerdote, cura
principal (banking) capital, *m.*
to **print** imprimir
printing press imprenta
private privado,-a
prize premio
procession comitiva, procesión, *f. (relig.)*
promise; to – promesa; prometer
proof prueba
to **propose** proponer
to **prove** probar (ue)
to **prune, trim** podar
psychiatrist siquiatra, *m. & f.*
public official funcionario público
puddle charco
to **pull out; – (petals or leaves)** arrancar; deshojar
pumpkin calabaza
pumps zapatos cerrados
to **punish** castigar
punishment castigo
purple morado,-a
to **pursue** perseguir (i, i)
push; to – empujón; empujar
to **put one's – on** ponerse + *def. art.*
to **put postage on a letter** franquear

qualified capacitado,-a
quality calidad, *f.*
quantity cantidad, *f.*
quart cuarto
quarter; (coin) cuarta parte; moneda de veinticinco centavos
queen reina
question pregunta; problema; asunto
question mark signo de interrogación
quick rápido,-a
quiet (silent); (still) callado,-a; quieto,-a, tranquilo,-a

rabbit conejo,-a
raccoon mapache, *m.*
radiator radiador, *m.*
radio announcer locutor,-ra
rag trapo
ragged harapiento,-a
railing barandilla
railroad; – tracks ferrocarril, *m.;* vía del tren, *f.*
rain; to – lluvia; llover
rainbow arcoiris, *m.*
raincoat impermeable, *m.*
to **raise; (vegetables); (children, animals)** levantar; cultivar; criar
rake; to – rastrillo; rastrillar
rare raro,-a
rat rata
rates precios, *m. pl.*
reach alcanzar
reader lector,-ra
realtor corredor,-ra de bienes raíces
recipe receta
recognize reconocer (zc)
recovery room cuarto de recuperación
red blood cells glóbulos rojos
redhead pelirrojo,-a
reduction in price rebaja
regular mail correo ordinario
to **rehearse** ensayar
to **remain** permanecer (zc) (a)
to **remember** acordarse (ue) (de), recordar (ue)
to **remove** quitar
rent; to- alquiler, *m.;* alquilar
to **replace** cambiar, reemplazar
to **resemble** parecerse (zc) (a)
reservation reservación, *f.*
to **rest** descansar

rest room baño, servicio
to retire (from a job) jubilarse
to return; (give back) regresar, volver; devolver
return address remite, *m.*
to review (as a critic) reseñar
revolving door puerta giratoria
reward recompensa
rhinoceros rinoceronte, *m.*
ribbon cinta
to ride montar
right, on, to the – a la derecha
ring; to – (the price on the register) anillo, sortija; marcar el precio en la caja
rinse; to – enjuague, *m.;* enjuagar
roast asado
rocking chair balance, *m.*, mecedora
to roll rodar (ue)
(un)rolled (des)enrollado,-a
roller (for hair) rulo
roller skates patines, *m. pl.*
rolling pin rodillo
to romp retozar
roof; tile –; – (building) techo; – de tejas; azotea
rook (chess) torre, *f.*
room (single) (double) cuarto (sencillo) (doble)
room service servicio de habitación
root raíz, *f.* (*pl.* raíces)
rope soga, cordel, *m.*
rose rosa
to rotate girar
round redondo,-a
to row remar
rowboat bote de remos, *m.*
royal blue azul vitral, *m.* & *f.*
to rub frotar
rubber; – band; – stamp goma; liga; gomígrafo
ruby rubí, *m.*
rule, ruler regla
rum ron, *m.*
rust-colored (de) color ladrillo, *m.* & *f.*

sad triste, *m.* & *f.*
safe, *adj.;* (for money) seguro,-a; caja fuerte
safety belt; (box); (pin) cinturón, *m.;* (caja) de seguridad; imperdible
sailboat bote de vela, *m.*
salad ensalada
salary sueldo
sale venta
salt shaker salero
sand; – castle arena; castillo de –
sandals sandalias
sapphire zafiro
saucepan cazo
sausage chorizo, salchicha
sausage-type products embutidos, *pl.*
to save (from a danger) ahorrar; salvar
savings; – bank ahorros, *m. pl.;* banco de –
saw serrucho
to say good-bye to despedirse (i, i) (de)
scaffold andamio
scale pesa, balanza
scalpel bisturí, *m.*
scalper revendedor,-ra
to scare away espantar
scarecrow espantapájaros, *m.*
scarf bufanda
scatter esparcir
science ciencia
scissors tijeras, *f. pl.*
to scold regañar
scouring pad estropajo
to scratch rayar
scratched record disco rayado
screen; (movie or TV) biombo; pantalla
screw, bolt tornillo
screwdriver destornillador
seagull gaviota
to search registrar, buscar
season estación, *f.*
seat asiento
seesaw sube y baja, *m.*
to see someone off (on a journey) despedir (i)
to seize apresar
self-employed, to be – trabajar por cuenta propia
sender remitente, *m.* & *f.*
sense sentido
sensitive to cold, to be – ser friolento,-a
sentence oración, *f.*
servant criado,-a
serving platter; – (spoon) la fuente; la cuchara de servir
to set (hair); (a bone); (the table) amoldar; entablillar; poner la mesa
several varios,-as
to sew; – a button coser; pegar un botón
sewing box costurero
shade; window – sombra; visillo
to shake sacudir
shame vergüenza
shampoo champú, *m.*
shark tiburón, *m.*
sharp afilado,-a
to shatter hacerse añicos
shave; to – afeitado; afeitar(se)
shears (pruning) tijeras de podar, *f. pl.*
sheep oveja
sheet (of paper); (of stamps); (bed) hoja; hoja de sellos; sábana
shelf (store) repisa (anaquel, *m.*)
shell; (of snail) concha; caracol, *m.*
sherry wine jerez, *m.*
shine; to – ; to – shoes brillo; brillar; limpiar zapatos
shoemaker zapatero,-a
shoe polish betún, *m.*
shoeshine boy limpiabotas
shoe store zapatería
to shoot (a gun) disparar
shopper comprador,-ra

shore orilla (del mar)
short (person) bajo,-a, pequeño,-a
short circuit cortocircuito
to **shorten** acortar
shorthand; – pad taquigrafía; libreta de taquigrafía
shorts (sport); (underwear) pantalones cortos, *m. pl.;* calzoncillos, *m. pl.*
shotgun escopeta
shoulder hombro
shout; to – grito; gritar
shovel; to – pala; palear
to **show** mostrar(ue), enseñar
shower ducha
shrill sound chirrido
shutter hoja de ventana
side lado
sideburns patillas
sidewalk acera
sigh; to – suspiro; suspirar
sight vista
sign (neon); (traffic) letrero (lumínico); señal de tráfico, *f.*
signature la firma
silk seda
silverware cubiertos, *m. pl.*
silvery plateado,-a
similar semejante, *m. & f.*, parecido
simple sencillo,-a
sin pecado
to **sing** cantar
singer cantante, *m. & f.*
singing lessons clases de canto, *f. pl.*
sink (bathroom); (kitchen) lavabo; fregadero
size; (clothes) tamaño; talla
skater patinador,-ra
skates patines, *m. pl.*
to **ski** esquiar
skier esquiador,-ra
skin piel
skirt falda
skull and cross bones calavera con huesos cruzados
skunk zorrillo
sky, heaven cielo
skyscraper rascacielos, *m. sing*
sled, toboggan tobogán, *m.*
sleeve manga
sleeveless sin mangas, *m. & f.*
sleigh (pulled by horses, etc.) trineo
slide; to – deslizadero; deslizarse
sling cabestrillo
slingshot tirapiedras, *m. sing*
slip; (underwear); to – resbalón, *m.;* refajo; resbalar
slip (deposit) (withdrawal) hoja(de depósito) (de extracción)
slipper zapatilla
slippery resbaloso,-a
slope pendiente, *f.*, cuesta
smell; to – olor; oler
smile; to – sonrisa; sonreír
smock bata
smoke; to – humo; fumar
smooth (surface); to – liso,-a; alisar
to **smuggle** pasar contrabando
smuggler contrabandista, *m. & f.*
smuggling contrabando
snake serpiente, *f.*
sneeze; to – estornudo; estornudar
snore; to – ronquido; roncar
snow; – tires; to – nieve; gomas para la –; nevar(ie)
snowball bola de nieve
snowman muñeco de nieve
to **soak** poner en remojo
soap; to – ; – dish jabón, *m.;* enjabonar; jabonera
social worker trabajador,-ra social
sock calcetín, *m.*
soft suave, *m. & f.*, blando,-a
soft drink refresco
to **soften** ablandar, suavizar
soil tierra
soldier soldado
sole (of the foot); (of shoe) planta; suela
solid-colored de color entero
song canción, *f.*
sound; -proof sonido; a prueba de ruidos
soup; – plate sopa; plato hondo
spade, shovel pala
spaghetti, noodles tallarines, *m. pl.*
spatula espátula
speaker altavoz, *m.*
special delivery entrega especial
speech discurso
to **spend; (time)** gastar; pasar
spices especias, *f. pl.*
spider; – web araña; telaraña
to **splash** salpicar
to **spoil** echar(se) a perder
spool (of thread) carretel (de hilo), *m.*
sport; (as adj.) deporte; deportivo,-a
spot; to – mancha; manchar
spring primavera
to **sprinkle (salt)** regar (ie) (sal)
sponge esponja
to **squeeze** exprimir
squirrel ardilla
stain mancha
to **stamp** poner un sello (cuño)
stand (newspaper) puesto (de periódicos)
to **stand; – on tip-toe** ponerse de pie; empinarse
staple; – remover presilla, grapa; quitapresillas, *m.*, quitagrapas
stapler presilladora, grapadora
star estrella
starfish estrella de mar
to **start (a car or motor); – a fire** arrancar; encender(ie) un fuego
statement (account) estado de cuenta
station wagon camioneta
to **stay (at a hotel)** parar (en un hotel)
steak bisté, *m.*
steel acero

stenographer taquígrafo,-a
step; (in a stairway) paso; peldaño
steward (in plane) auxiliar de vuelo
stewardess azafata, aeromoza
stick palo
sting; to – picada; picar
to **stir** revolver (ue)
stitches (med.) puntos, *m. pl.*
stocking media
stone piedra
stool banqueta
to **stop** parar, detener(se)
to **store** almacenar
stove cocina
stowaway polizón, *m. & f.*
straight; (hair); – razor derecho; lacio; navaja
to **straighten (hair)** alisar, desrizar
to **strain** colar
strainer colador, *m.*
straw paja
strawberry fresa
street; – light calle; farol, *m.*
strength fuerza
stretcher camilla
string cordel, *m.*
stripe franja
striped de rayas, de listas
strong fuerte, *m. & f.*
struck by lightning, to be– caer (le) (a uno) un rayo
structure estructura
subject; (school) tema; asignatura
subway metro, tren subterráneo
to **succeed in** lograr
success éxito
to **sue** poner pleito
suede gamuza
to **suffer** sufrir, padecer (zc)
to **suffocate** asfixiarse
sugar; – bowl azúcar, *m. & f.;* azucarera
suicidal person suicida, *m. & f.*
suitcase maleta
sunburned, to get – quemarse
sunflower girasol, *m.*
sun glasses gafas para el sol
suntan lotion loción bronceadora
sun-tanned bronceado,-a
to **support** mantener
to **suppose** suponer
sure seguro,-a
surf board tabla de surf
surgeon cirujano,-a
surgery; – room cirugía; salón de operaciones, *m.*
surgical quirúrgico,-a
to **surround** rodear
suspect; to – sospechoso,-a; sospechar
swamp pantano
swan cisne, *m.*
to **swear** jurar
sweat; to – sudor; sudar
to **sweep** barrer
sweet, *adj.* dulce, *m. & f.*
sweetheart novio,-a
to **swim** nadar
swimsuit traje de baño, *m.*
swing columpio
sword espada
syringe jeringuilla

table (coffee) (side) mesa (de centro) (lateral)
tablecloth mantel, *m.*
taffeta tafetán, *m.*
tail cola, rabo
tailor sastre
tails (garment) frac, fraque, *m.*
to **take** tomar, coger
to **take advantage** aprovechar (se) (de)
to **take a shower** darsè una ducha
to **take (one's) blood pressure** tomar (le) la presión
to **take off (a plane)** despegar
to **take out** sacar
talent talento
tambourine pandereta
tangled enredado,-a
tank; tanker tanque, *m.*
tantrum pataleta
tape (gummed) precinta
tape recorder grabadora
taste; to – (of); – (something) sabor; saber (a); probar (ue)
taxi driver taxista, *m. & f.*
tea te, *m.*
tear lágrima
to **tease; – (hair)** molestar; cardar
teaspoon cucharita, cucharilla
tee shirt camiseta
telephone operator telefonista, *m. & f.*
telescope telescopio
television set televisor, *m.*
tender tierno,-a
test; to – prueba; probar (ue)
test (blood) (urine) análisis, *m. sing.* (de sangre) (de orina)
to **thank for** agradecer (zc)
Thanksgiving Día de (Acción de) Gracias
theater teatro
thermos jug termo
thick (liquid) espeso,-a
thief ladrón, ladrona
thimble dedal, *m.*
thread hilo
to **threaten** amenazar
to **throw away** tirar, botar, echar
thumbtack tachuela
ticket; – window billete, boleto; taquilla
(un)tidy (des)ordenado,-a
to **tie** amarrar, atar
tie; – pin corbata; alfiler de –, *m.*
tiger, tigress tigre, tigresa

to **tighten** apretar (ie)
tile (ceramic); (floor); (roof) azulejo; loseta; teja
tip; to – propina; dar una –
tire; to – goma, llanta; cansar (se)
tissue (paper) pañuelo desechable
to + destination (travel) con destino a + lugar
toast (bread); to – tostada; tostar (ue)
toast (liquor); to – brindis, *m.*; brindar
toaster tostadora
tobacco shop tabaquería
toe dedo del pie
toilet; – paper inodoro; papel higiénico
tomato tomate, *m.*
tongue lengua
tonsils amígdalas, *f. pl.*
tool; – box herramienta; caja de herramientas
too much demasiado
tooth diente, *m.*
toothbrush cepillo de dientes
toothpaste pasta de dientes
top (of mountain); (of tree) cumbre, *f.*; copa
torn roto,-a
touch-up retoque, *m.*
toward hacia
towel; – rack toalla; toallero
tower torre, *f.*
tow truck (camión de) remolque, *m.*
toy; – store juguete, *m.*; juguetería
tracks huellas, *f. pl.*
traffic light; – (signal) semáforo; señal de tráfico, *f.*
train; – car tren, *m.*; vagón, *m.*
tranquilizer calmante, *m.*
transaction operación, *m.*
travel agency (agent) agencia (agente) de viajes
travelers' checks cheques de viajero, *m. pl.*
traveling salesman viajante, *m. & f.*
tray bandeja
to **tread on** pisar
treasure tesoro
treatment tratamiento
tree; – trunk árbol, *m.*; tronco
to **tremble** temblar (ie)
to **trim** recortar
to **trip** tropezar (ie)
triplets trillizos, -as
triumph triunfo
truck; – driver camión, *m.*; camionero
trunk (car); (elephant's); (luggage) maletero; trompa; baúl
truth verdad, *f.*
to **try on; – to** probarse; tratar de
tulip tulipán, *m.*
to **tune** afinar
turban turbante, *m.*
turkey pavo
turn; (movement of rotation) turno; vuelta
to **turn off; – on; – over (something)** apagar; encender (ie); volcar
turpentine aguarrás, *m. sing.*
turtle tortuga

tusks, fangs colmillos, *m. pl.*
tuxedo smoking, *m.*
tweezers pinzas, *f. pl.*
twin gemelo,-a, mellizo,-a
to **twist** torcer (ue)
to **type** escribir a máquina
typewriter máquina de escribir
typing mecanografía
typist mecanógrafo,-a

ugly feo,-a
umbrella paraguas, *m. sing.*
underneath bajo
undershirt camiseta
understanding, *adj.* comprensivo,-a
underwear ropa interior
to **(un)dress** (des)vestirse
(un)employed (des)empleado,-a
unfortunate desgraciado,-a
unmade sin hacer
until hasta
upside-down boca abajo
useful útil, *m. & f.*
useless inútil, *m. & f.*

vacuum cleaner aspiradora
vain vanidoso,-a
valiant valiente, *m. & f.*
valley valle, *m.*
vane (weather) veleta
vanilla vainilla
vase; (large) florero; jarrón, *m.*
vault bóveda
vegetables hortalizas, verduras
vegetarian vegetariano,-a
veil velo
velvet terciopelo
velveteen, corduroy pana
vest chaleco
victim; (of accident) víctima, *m. & f.*; accidentado,-a
violin; – player violín, m.; violinista, *m. & f.*
violoncello violoncelo
visiting hours horas de visita
voice voz, *f.* (*pl.* voces)
voice training solfeo

waiter; waitress camarero, mozo; camarera
waiting (list) (room) (lista) (sala) de espera
to **wake up** despertar (se) (ie)
to **walk; – one's dog** caminar, andar; sacar a pasear al perro
wallet billetera
to **wallow** revolcarse (ue)

war guerra
to **warn** advertir (ie, i)
warning advertencia
to **wash; – dishes** lavar; fregar (ie)
washing machine lavadora
to **waste** malgastar
waste basket cesto de los papeles
to **water** regar (ie)
watering can regadera
wax cera
way; (in a street) modo, manera; dirección
weak débil, *m. & f.*
weapon el arma, *f.*
to **wear; – (something beautiful or becoming); – a costume** llevar; lucir (zc); disfrazarse
wedding boda
weeds hierbas malas
to **weigh** pesar
weight peso
west oeste, *m.*
wet mojado,-a
wheat trigo
wheel; – chair rueda; silla de ruedas
wheelbarrow carretilla
while mientras
whistle pito
white hair cana
whole, *adj.* entero,-a
wide ancho,-a
widower, widow viudo,-a
wig peluca
wild (animal); (plant); (beast) salvaje, *m. & f.*; silvestre, *m. & f.*; fiera
will voluntad, *f.*
to **win** ganar
wind viento
window; (car); (store) ventana; ventanilla; vidriera, escaparate, *m.*
window box tiesto
window cleaner limpiador,-ra de ventanas
windshield parabrisas, *m. sing.*
windshield wiper(s) limpiaparabrisas, *m.*
wine; -colored vino; de color –
wings alas
to **wipe** limpiar
wire alambre, *m.*
wise; Wise Men sabio,-a; los (tres) Reyes Magos
witch bruja
to **withdraw money** sacar dinero
witness testigo, *m. & f.*
wolf lobo,-a
wood; –cutter madera; leñador
wooden box cajón, *m.*
woodpecker pájaro carpintero
wool lana
to **work (as a machine does)** funcionar
worker obrero,-a, trabajador,-ra
to **worry** preocupar (se)
worse, worst peor, *m. & f.*
worth, to be – valer
wounded; seriously – herido,-a; – de gravedad
wrench; monkey – llave; – inglesa
wrinkle arruga
wrinkled arrugado,-a

X-rays radiografía
xylophone marimba

yard; (measure) patio; yarda
yardstick vara de medir
yet todavía
yogurt yogur, *m.*
young joven, *m. & f.*
younger, youngest menor, *m. & f.*
youth juventud, *f.*

zebra cebra
zip code zona postal